# 八極拳

第一代宗師　劉雲樵 ◎ 著

U0098778

# 序

　　八極拳的起源，須追溯至遙遠的古代，故無法考證。但我推測此拳法因有「質實古樸」的風格和重要的道理，因此是從極古傳承下來的。

　　歷史上的記載可見於明代的「紀效新書」，它的原名為"巴子拳"，在當時已是有名的拳術之一。

　　到了清代，改稱為"八極拳"，意義更高尚、優雅，且含有深厚的恩德。不久之後，八極拳的拳技和名字為人所知，是本門諸位先賢的功勞，因為他們的苦心鑽研，漸次提高太極拳的層次，並且因為日益精深的研究，名人輩出。這個史實就如「滄縣志」中所記，經過世世代代的名家發揚光大。

　　從清朝末年到民國初年，先師李書文身懷此技遊走江湖，和許多的南北名人、專家交手，終其一生，未曾失敗，因此相識或不相識的人都尊稱他為"神槍李"，沒有人敢直接稱呼他的本名。

　　我自小就列於李公門下，朝夕侍奉先師達十餘年。我雖然資質魯鈍，但至今已經過七十多年了，未曾一日或忘先師的遺訓，也不敢有絲毫怠惰；始終默默耕耘。希望不敗壞八極拳，且能將它發揚光大永遠嘉惠後世後代的子弟，一如春雨綿綿不絕地滋潤大地。同時，也在此自勉。

　　遷台以後，以結廬授藝為樂。匆匆已過三十餘載歲月，雖然馬齒徒增，但以每天與門徒共同研習為樂，而忘掉了憂愁，竟不知老之將至。

　　在今天這個複雜的時代，拳技有許多偽者、仿者和劣者，真正有志者反而不得其門而入！透過這些偽仿者，誤謬也普遍地流傳著，使得中華武術日漸衰退、武術真諦破滅，武術承傳出現危機。

　　古人嘆曰：「黃鐘毀棄、瓦釜雷鳴。」如今想來，感慨良多，自責也愈深。

本書的部分內容已被他人盜用，在海外盛傳。希望藉此書闡述其正確的要義，將歷代前輩灌注心血所敎導的眞髓保存下來，並使現在的學習者能夠窺見我們中華武術的眞相。僞者的「廬山眞面目」也因此無以遁形。

　　八極拳是以"小八極"爲基礎、以"大八極"運用其技，以"六大開"極盡其藝，更加以"八大式"，"八極連環拳"來琢磨，依次推進，然後完成整個功夫。

　　在此發表的"大八極拳"是本門的秘藝，攝取任何一技都是很重要的，有志學習的人若取得此書詳細研究，我相信必是極爲容易的。

　　　　　　　　　　　　　　　　滄洲　劉雲樵
　　　　　　　　　　　　　　　　　　序於武壇

八極拳

直度三才橫抗

八極時分五行

順逆六合

笑蒼 劉雲樵

# 永遠的天字第一號・劉雲樵

「武術之道爲何？」「養氣！」
「如何養氣？」「自然！」

老者精神矍鑠，從容答話。他聲音渾厚，詞語清晰簡潔。

「以您傳奇性的一生中，什麼是最令您欣慰的？」

「我爲國家盡了棉薄之力。自信一生俯仰不愧」他沈吟的說：「而且能集天下英才而敎之，實感欣慰。『人之患在好爲人師』，我要求學生要忠，要孝。詩經說：『糾糾武夫，公侯干城』。時代變了，公侯應改成社稷、國家。」

語雖平凡，卻見肺腑，他就是劉雲樵。

劉雲樵先生近影

**張耀庭巧施迷踪**　劉雲樵，字笑塵，河北滄州人。滄州自古武風極盛，南七北六十三省的鏢行，甚至立下一條「鏢過滄州不叫鏢」的規矩，以示尊敬。他家世很好，但小時候多病，尤其全身僅剩皮包骨，但肚子却腫脹如鼓，這種病滄州人叫「疲症」。他父親只好請武術名家張耀庭每天在他肚子上運氣推拿，結果半年多肚子就消了，一年後身體的肌肉也長出來了。於是父親把他交給張耀庭。

張耀庭常把年方三、四歲的劉雲樵甩著玩，但不管怎麼丟、怎麼拋，劉雲樵一定是雙脚著地，絕不受傷，可見張耀庭功夫拿捏得極準極巧。五歲後，張耀庭開始敎他迷宗拳。

「迷宗拳是由燕青拳而來。」劉雲樵解釋說：「但燕青拳却不知從何而來，所以稱爲迷宗；也由於身法奇特，又叫迷踪。許多人把它寫成密宗、秘宗或猊猔等，其實都是錯誤的。」

據他表示：迷宗拳因武術大師霍元甲的發揚光大，所以名聞中外。但叫燕青拳，據說是梁山好漢浪子燕青所創，他以「燕青十八翻」名動江湖，傳下了這套拳法；另一種說法是這拳術流行於燕州（河北）及青州（山東）一帶，所以稱爲燕青拳。

**神槍李天下無敵**　　七歲時，父親爲他延攬名動北五省的名師李書文

來教授拳術。李書文擅長八極拳和六合大槍，人稱「神槍李」。他授徒極嚴，尤其重於斂神凝志，收心養氣，這下子活潑好動的劉雲樵便覺得十分辛苦了。

「家師十分嚴肅，他叫我先蹲馬步。」劉雲樵回憶說：「可是我當時覺得蹲馬步很無聊，常想投機取巧，但他聲明：不蹲馬步就不敎。」

這時張耀庭已經走了，他雖然覺得李書文不通情理，也只得繼續練下去。半年後，性情鋒鋩被磨消殆盡，李書文才開始敎他練八極拳的架子。

八極拳是一種剛強而帶十字勁的拳法，它指頭、肩、肘、手、尾、胯、膝、足八個身體部位的爆炸勁道，可以發自四面八方。

練了三年，他向父親表示不願再學了。

「爲什麼？」父親極爲驚訝的問。

「練了三年却只練了一個架子，實在沒意思。」他嘟著小嘴說：「師父又不肯敎點別的。」

父親只得把這意思跟李書文說，李書文一撇嘴說：「哼！他不練算了！」

「不不不！李師父……」父親囁嚅的說：「我的意思是您能不能敎他拳法，不要再練架子。」

「我說行就行！」李書文嚴肅的說。

他只得繼續練，沒多久，李書文敎他八極拳和六合大槍。到了十八

、九歲時候，他的功夫已經十分精湛了，李書文就帶他到處遊歷，並帶他前往拜訪山東省膠東第五路總指揮張驤伍將軍。

**張驤伍傾囊相授**　張驤伍也是李書文的得意第子，武功極高。他原是太極名家宋德厚的入門高足，宋德厚字唯一，奉天北鎮山人，他在醫巫閭山養靜，道號飛丹九子兒，又號雪上無蹤。張驤伍對這位小師弟異常鍾愛，並傳授他太極拳、太極劍及太極刀，這些配合他原先所修的養氣持性的功夫，真是恰到好處，水乳交融。

後來張驤伍把他介紹給宮寶田學習八卦拳及輕功；又向丁子成學螳螂拳及六合拳。這些名家的薰教給他極大的啟悟。

**我就是天字第一號**　劉雲樵的家世及武功早就被政府所注意了，民國十八年，他開始負責情報。由於精通武技，使得他對機智刻苦的情報工作更加得心應手。

「當時訓練的方法是賦予艱巨任務，限時完成才算通過。」他沉吟的說：「當然中間有相當大的阻力，甚至自己人也會盡力阻撓你，以考驗你的應變能力及對任務的責任感。」

情報人員也被稱為「特務」，劉雲樵不以為迕的說：

「我們本來就在做特別的任務嘛！」

據他表示：當時的情報人員是以「千字文」來排名的，所以依次是「天地玄黃宇宙洪荒……」，而他自己是「天」字，也就是以訛傳訛，大名鼎鼎的「天字第一號」。

**暗殺孫傳芳**　劉家是滄州大戶，劉雲樵的伯叔長輩，均任軍方要職，與孫傳芳及其將領來往十分密切。那時孫傳芳隱居在南市「紫竹林」道觀中，觀外都是便衣衛士，尋常人根本進不去。劉家由於與孫傳芳是世交，他很從容的帶領施劍翹進入，輕易的擊斃孫傳芳，轟動中外。

抗戰前，天津租界的武館有一百多家。那時有個叫太田德三郎的日本武士，精通劍道，他在天津向中國武術界挑戰，當時無人應戰，義憤填膺的劉雲樵於是由滄州趕往天津，和他在中立地帶法國公園約鬥。最後他以精湛的劍術，擊敗了這位狂妄的日本劍手，替國人揚眉吐氣，振奮了華北。

劉雲樵基於民族的大義血忱，奉命狙擊這些賣國賊，其中尤以暗殺漢奸唐少儀而大快人心。原來唐少儀是日偽天津維持會的會長，早為

國人所不齒，劉雲樵以周密的計畫，順利達成任務。

**逃離運城大監獄**　　從平津出來後，因為交通不便，他徒步跑到山西。可是時正抗戰期間，道路管制極嚴，一不小心，竟被當時的「皇協軍」逮捕了。所謂皇協軍，是日人在華的走狗，也是甘願充當日軍助手的中國人。劉雲樵以身份可疑而被俘擄進入了運城監獄，所幸日軍不知他就是「天字第一號」，把他和其他囚犯關在一塊，由於看他年輕力壯，就為他上了手銬腳鐐。

監牢門是由大木柱隔開的，他每天晚上利用很少的時間把木柱往上頂，以練功夫，大約十幾天，木柱就被頂鬆了。有天深夜，他把木柱拔開，然後叫醒同房的二、三十個同伴：「門我已經弄開了，你們走不走？」

大家都感到很訝異，當下都噤聲逃開。劉雲樵一路掩護躲藏，看到前面佈滿鐵絲網的外牆，他打量一下，怕不有兩、三丈，於是吸了一口氣，蹤身一躍，很輕易的跳過圍牆，人還沒落地，只聽到「砰砰」的槍聲呼嘯而過，他又提一口氣，整個人翻滾在牆外的菜園上，如脫韁野馬般的奔行如風。

**怒湍隨流三十里**　　他一路直奔到黃河邊的楡臨渡口，前有大河，後有追兵，真是陷入絕境，他只得找一個塞滿麥稈的油包，奮身躍入急湍的流沙河中，然後隨流二、三十公里才上岸。沒想到上岸沒多久，又碰到荷槍的皇協軍，他們打算再逮捕他，但劉雲樵說：「你們是中國人，我也是。有良心血性的大漢兒女，何必替日本鬼子做傷天害理的事呢？」

結果皇協軍一陣羞愧，就讓他悄悄離去。

回報任務後，他病了一場，於是在西安的「西京醫院」療養。

他的病牀正好在一位留德編輯劇家陳銓的旁邊。兩人在病中聊了起來，陳銓靈機一動，就把它寫成一齣話劇「野玫瑰」，果然大為轟動。

抗戰勝利後，名導演屠光啟依此劇為北平「中電」三廠拍成膾炙人口的「天字第一號」。劇中為了故事性，由女星歐陽莎菲飾演艷華，亦即天字第一號，賀賓飾演漢奸唐少儀。這影片使得一連串的諜報片如「長江一號」、「重慶一號」等接踵而起。

# 目錄

序 ……………………………………………………………………… 3

永遠的天字第一號・劉雲樵 ………………………………………… 6

# 特徵與內容

八極拳的淵源 …………………………………………………… 14

八極拳的傳承 …………………………………………………… 17

八極拳的特徵 …………………………………………………… 27

八極拳的內容 …………………………………………………… 29

　一、八極拳的套路 ……………………………………………… 29

　二、八極拳的勁道 ……………………………………………… 29

　三、八極拳的應用法 …………………………………………… 30

# 基本動作解說

八極拳的基礎功夫 ………………………………………………… 34

　1 椿步 ……………………………………………………………… 35

　　①馬步 ………………… 35　　　③虛步 ………………… 37

　　②弓步 ………………… 36　　　④半弓半馬步 ………… 37

　2 步法 ……………………………………………………………… 38

　　①搓步 ………………… 38　　　④絪步 ………………… 38

　　②碾步 ………………… 38　　　⑤鎖步 ………………… 38

　　③磨盤步 ……………… 38　　　⑥提籠換步 …………… 38

　3 拳法 ……………………………………………………………… 39

　　①仰拳 ………………… 39　　　③立拳 ………………… 39

　　②俯拳 ………………… 39　　　④螺旋拳 ……………… 39

　4 掌法 ……………………………………………………………… 40

　　①切掌和劈掌 ………… 40　　　③推掌和按掌 ………… 40

　　②摔掌和撩掌 ………… 40

　5 補助鍛鍊 ………………………………………………………… 41

八極門柔身六法 …………………………………………………… 44

　第一式抬臂繞環 ……… 47　　　第四式左右撐掌 ……… 56

　第二式擺臂扭腰 ……… 50　　　第五式左右蹬腿 ……… 58

　第三式舉臂後伸 ……… 53　　　第六式馬步弓捶 ……… 60

# 八極拳第二套[大八極] ··········64

1 起式··········64

2 獻肘··········65

3 挑打頂肘··········66

4 右橫打··········68

5 左橫打··········69

6 轉身下式··········70

7 擊襠捶··········71

8 右踢腿··········72

9 反砸··········72

10 弓步左探掌··········73

11 雙撐··········74

12 推窗··········75

13 落步掌··········76

14 轉身撐掌··········78

15 進步左撐掌··········80

16 進步右撐掌··········81

17 進步左撐掌··········82

18 進步右撐掌··········83

19 探摟勾拌··········86

20 掛塌··········87

21 大纏絲··········88

22 崩捶··········90

23 跪膝··········91

24 退步左撐掌··········92

25 退步右撐掌··········93

26 掛塌··········94

27 千斤墜··········95

28 崩捶··········96

29 落步砸··········97

30 連環腳··········98

31 反砸··········99

32 轉身下式··········99

33擊襠捶‥‥‥‥‥‥‥‥‥‥‥‥‥‥‥‥‥‥‥‥‥‥‥‥‥ 100

34右踢腿‥‥‥‥‥‥‥‥‥‥‥‥‥‥‥‥‥‥‥‥‥‥‥‥‥ 101

35反砸‥‥‥‥‥‥‥‥‥‥‥‥‥‥‥‥‥‥‥‥‥‥‥‥‥‥‥ 101

36雙撐‥‥‥‥‥‥‥‥‥‥‥‥‥‥‥‥‥‥‥‥‥‥‥‥‥‥ 102

37收式‥‥‥‥‥‥‥‥‥‥‥‥‥‥‥‥‥‥‥‥‥‥‥‥‥‥ 103

# 八極拳對拆‥‥‥‥‥‥‥‥‥‥‥‥‥‥‥‥‥ 104

1 預備式‥‥‥‥‥‥‥‥ 104

2 獻肘‥‥‥‥‥‥‥‥‥ 105

3 挑打頂肘‥‥‥‥‥‥ 106

4 右橫打‥‥‥‥‥‥‥ 108

5 左橫打‥‥‥‥‥‥‥ 109

6 轉身下式‥‥‥‥‥‥ 111

7 擊襠捶‥‥‥‥‥‥‥ 112

8 右蹬腳‥‥‥‥‥‥‥ 113

9 反砸‥‥‥‥‥‥‥‥‥ 114

10弓步左探掌‥‥‥‥ 114

11雙撐‥‥‥‥‥‥‥‥ 115

12推窗‥‥‥‥‥‥‥‥ 116

13落步掌‥‥‥‥‥‥‥ 118

14轉身撐掌‥‥‥‥‥ 119

15進步左撐掌‥‥‥‥ 121

16進步右撐掌‥‥‥‥ 123

17進步左撐掌‥‥‥‥ 124

18進步右撐掌‥‥‥‥ 125

19採摟勾拌‥‥‥‥‥ 126

20掛塌‥‥‥‥‥‥‥‥ 128

21纏絲崩捶‥‥‥‥‥ 129

22跪膝‥‥‥‥‥‥‥‥ 131

23退步左撐掌‥‥‥‥ 133

24退步右撐掌‥‥‥‥ 135

25退步左撐掌‥‥‥‥ 137

26退步右撐掌‥‥‥‥ 138

27採摟勾拌掛塌‥‥‥ 139

28連環腳‥‥‥‥‥‥‥ 142

29反砸‥‥‥‥‥‥‥‥ 144

30轉身下式‥‥‥‥‥ 144

31擊襠捶‥‥‥‥‥‥‥ 145

32右蹬腳‥‥‥‥‥‥‥ 146

33反砸‥‥‥‥‥‥‥‥ 146

34弓步左探掌‥‥‥‥ 147

35雙撐‥‥‥‥‥‥‥‥ 148

36收式‥‥‥‥‥‥‥‥ 149

八極拳之鄉──河北省滄州孟村‥‥‥‥‥‥‥‥‥‥‥‥‥‥ 150

八極拳現況‥‥‥‥‥‥‥‥‥‥‥‥‥‥‥‥‥‥‥‥‥‥‥‥‥ 152

八極拳歌訣‥‥‥‥‥‥‥‥‥‥‥‥‥‥‥‥‥‥‥‥‥‥‥‥‥ 154

八極彌漫六合‥‥‥‥‥‥‥‥‥‥‥‥‥‥‥‥‥‥‥‥‥‥‥‥ 156

# 特徵與內容

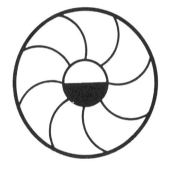

# 八極拳的淵源

　　即使在有數的北派拳法中，八極拳仍是貫通古今，著名的拳法之一。其發源地是河北省滄縣東南鄉，在此地俗名爲「巴子拳」。

　　中國北方，「巴」字的發音與「鈀」字相同，而且有時會把「巴」當做「鈀」的簡字來使用，因此「巴子拳」本來是「鈀子拳」的意思。

　　「鈀子拳」的「鈀子」是農具中的鍬，因在此拳法中手指彎曲的形狀與鍬十分相似，所以這樣命名。（參考照片）

圖二：巴子拳式之二

圖一：巴子拳式之一

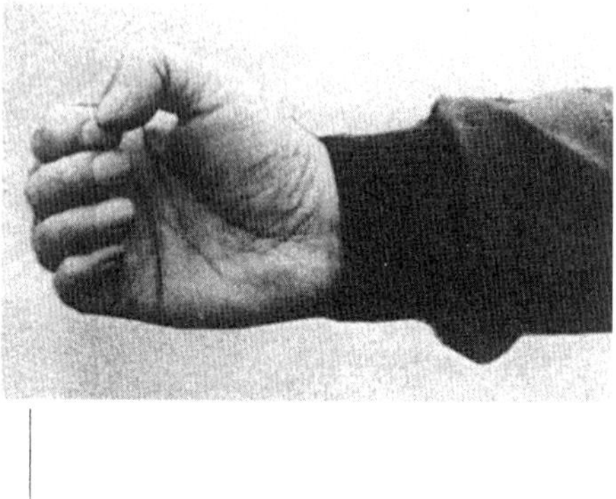

圖三：十字勁圖

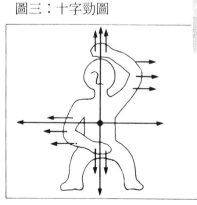

◁ 箭號表勁道的作用方向

在明朝名將戚繼光所著的『紀效新書』中有提到「巴子拳」的一段話：

『古今拳家、宋太祖有三十二勢長拳、又有六步拳猴拳囮拳、各勢各有所稱、而實大同小異。至今之溫家七十二行拳、三十六合鎖、二十四棄探馬、八閃番十二短、此亦善之善者也。呂紅八下雖剛、未及綿張短打。山東李半天之腿、鷹爪王之拿、千跌張之跌、張伯敬之打、少林寺之棍、與青田棍法相兼。楊氏鎗法、與巴子拳棍、皆今之有名者。』

由此可知此拳法在明代已是相當有名，但因為「巴子拳」非常粗俗，因此清康熙年間的門人吳鐘（恂勤郡王允禵的老師）將它改稱「八極拳」。在北方「巴子」和「八極」皆為八聲，所以聲音非常接近，而且多為口傳，故常有音不變而文字改變的情形。若要考察聲音是否具有特別的意味實在很困難，但使用「八極」的意義和理由，據推敲有以下三種解釋：

(1)在北方將武術稱為「把式」或「八勢」，而稱學習武術者或武術家為「把式匠」「八勢匠」或「練八式的」「練把勢的」。而取名「八極」是督促門下的弟子們致力於將本門的八式（把式、八勢也就是武術）練到極致。

(2)在本門（八極門）的訓練中，非常重視「頭、肩、肘、手、尾、胯、膝、足」這八個字的深入研究。這八個字是人體的八個部分，以此催促練者注意，因此取名「八極」，以此勸戒大家深入探求這八部分的鍛練，將它提昇到極點。

(3)漢代劉安的『淮南子』中有一段：「九州之外有八寅、八寅之外有八弦、八弦之外有八極」。所謂的「極」就是八方極遠之地。本門鍛練所使用的勁中有一為「十字勁」，足以表現本門用勁上勁道的特徵，此勁有向四面八方爆發的作用。因此，意味著要將此往八方而去的勁道推至極遠。

八極拳到底是何時產生的呢？無法得知。但若即是『紀效新書』中的「巴子拳棍」的話，那麼明朝初期就已存在了！至於明朝以前則端賴想像，故無法考證，但八極拳具有質實古樸的風格，可能在相當古老的時代就已存在了。

　　此拳術的發源地如前述，是在河北省滄縣的東南鄉一帶，距離舊滄州城約七十華里（約三十五公里）遠的村落。這一帶的別名是「八極窩」，以近百分之八十的居民均在學習八極拳而聞名。八極拳之外也流傳「劈掛掌」的拳術，所以此地是這兩種拳術的故鄉。

　　該地保守之風很強，武術方面的門戶設限也嚴，所以自遠地來尋求優越武術者，不易獲得眞傳，要得到全傳而歸鄉，更是困難，因此長期以來，別說是河北省了，八極拳根本未傳出滄縣，有時，同樣是在滄縣，也可看見全然不同的八極拳。

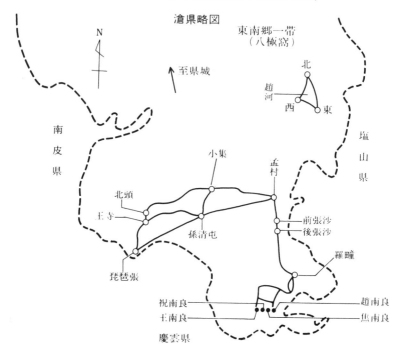

滄県略図

東南郷一帶
（八極窩）

N

至県城

北

趙河

西　　東

南皮県

塩山県

小集

孟村

北頭

王宇

前張沙

後張沙

孫清屯

羅疃

琵琶張

祝南良

趙南良

王南良

焦南良

慶雲県

# 八極拳的傳承

清朝同治年間，在河北省滄縣東南鄉「張沙」的小村落裏，八極門的希世名人——「神槍」李書文先生（筆者的先師）誕生了。

李先生字同臣，出身農家，自小在鄰近的孟村隨金殿陞學習八極拳和大槍術，後來又學劈掛掌，並將八極與劈掛互相融合，截長補短，在大槍術（丈八六合大槍）方面是神乎其技、所向無敵，因此在武林中被稱為「神槍李」。

李先生曾在河北、山東、河南以及東北各省參加比賽，終其一生無敵手，受教於李先生者不可勝數，入門弟子有：霍殿閣、許蘭洲、任國棟、柳虎臣、張驤伍、那玉崑、韓化臣、趙樹德、竇世龍、徐志清、丁仲傑、筆者（劉雲樵）及姪兒劉序東。

本來李先生是不收徒弟的，中年為同鄉霍殿閣誠意所感，破例接受拜師開始收徒。後來霍殿閣應清朝宣統皇帝（愛新覺羅溥儀）之聘，前往東北進入護院，成為宣統的武術老師。

李先生於遊歷各地後，晚年回到鄉里滄縣，應家父之聘寄寓舍下。其後的十數年，筆者一直受到李先生的教導，並正式拜師入門，成為關門弟子。

許蘭洲、任國棟、張驤伍、那玉崑、柳虎臣、劉序東等，當時個個都是軍人，或任職將軍，非常推崇李先生的技藝，有的親自學習，有的令全族子弟或部下們學習。馬鳳圖、英圖、昌圖兄弟本來是學習劈掛掌，後來修習八極拳與李先生交流。鳳圖曾經擔任縣長之職，學習眾多武術之後完成了健宗拳。英圖在南京的中央國術館擔任教練，推廣八極拳。昌圖是軍人，因捲入軍閥內爭而死。韓化臣和趙樹德也和馬氏三兄弟一樣本來是學劈掛掌的，後來向李先生習八極拳，和馬英圖一起任教於中央國術館。數年前在台灣去世的李元智先生，就是出身於中央國術館，曾向馬

、韓、趙三位先生學八極拳。在中央國術館裏，將八極拳做為必修科目，於是本來只在河北省以北流傳的八極拳，就以南京為中心傳到南方。李元智先生渡台後就將八極拳編入軍隊的訓練科目。

如前述，八極拳在明代時就以「巴子拳棍」而馳名，名人高手輩出。可惜的是至今已難考證。

在『滄縣志』中，有特別提及八極拳門人的部分，那些記述並非正確無比。在此就我所知，將『滄縣志』中錯誤的部分摘錄下來，加以訂正。

## 『滄縣志』人物誌──武術

### 有關吳鐘的記述部分

吳鐘，北方八門拳術的始祖（註1）字弘聲，孟村鎮天方教人，八歲時以聰明聞名，年少時勇氣出眾，超拔出羣。後來棄文學習技擊。不分晝夜、寒暑的勤勉練習，一天晚上，當他在院中擊劍時，不知從何處來了一位道士。吳鐘問他姓名，道士沒有回答就坐下來談武，是至今未曾聽過的，接著表演技藝給吳鐘看，這也是從未見過的，吳鐘最後拜道士為師，學習八極術。道士在這十年間將技藝傳授給吳鐘，有一天忽然說：「我的武術，你都學會了，我該離去了。」吳鐘邊哭邊向道士叩頭說：「這十年來我獲得那麼多，却遺憾不知老師的姓名。」於是道士回答說：「凡是懂得"癩"字的都是我徒。」然後離去。二年後，來了一個人，言談間知道是"癩"的弟子，他未報姓名只說：「我的字是"癖"」的弟子，就送吳鐘一卷『八極秘訣』，配合著大槍法傳授給他。癖和吳鐘相約南下，到杭州某寺去，在方丈中和長於少林派武術者較技，將對方打敗。方丈畏服，將錦標送給吳鐘。吳自浙北赴燕京，和徇勤郡的王允禔（註2）比賽。兩人取殳，在尖端塗上

粉，吳以殳在王的眉上擦了粉，因為王沒注意到，以為吳使用幻術，所以吳又在殳尖沾上麵糊，在王不注意時，將麵糊塗在王的眉毛上。至此，王才相信這個事實，拜吳為師。就因為這件事，在當時的燕京裏吳被稱為「神槍吳鐘」。後來因為老母生病，返鄉教導鄉親，為了受教於吳鐘，有不辭千里而來的。練成武術的徒兒們達百四十五人。至今約為七世，系譜中的"癩"是一世，"癖"和吳鐘是二世。（註3）

### 有關張克明的記述部分

張克明，羅疃人。和李大中一同向吳鐘長女吳榮（註4）學藝，以槍法聲名大噪。清咸豐年間，南皮張文達的萬督漕運駐清江之時，受託率數名弟子擔任護衛，並因此功績而受到獎賞。

### 有關李大中的記述部分

李大中、羅疃人。八極門第四世，為吳鐘的長女吳榮的弟子（註5）。他的手指鍛鍊得如鐵殳般，被他的手觸及者，雖是壯夫，也彈倒於數步之外。清同治七年，幫助李雲表防禦捻匪，戰死於鹽南，以其武勇，被奉祀於鹽山的「昭忠祠」中。

他的兒子貴章繼承了父親優異的武術。大中戰死時，他尚年幼，但當八、九個盜賊侵入家裏時，貴章即取槍，單身迎擊，殺死一人，二人負傷。其他的盜賊看了，趕忙扶起傷者，棄盜品而逃。

### 有關張景星的記述部分

張景星，是張克明的兒子，受其父教導。清宣統二年，在「天津武士會」擔任武術老師。其子玉衡（註6）應淮軍樂字營管統李鳳來之聘任武術教師，民國十九年在灣寧的「武術連」任教職。當時，在槍法上要與玉衡相較，實無能出其右者。

## 有關於黃四海的記述部分

黃四海，羅疃人，八極門第五世、張克明的弟子。當張克明出征清江之時，他也一同出征參戰，立了功勳，得到了六個獎。他的弟子李書文被稱為八極門的「後起之秀」。（註7）

## 有關於李書文的記述部分

李書文，南艮人（註8）。八極門第六世，黃四海的弟子（註9）。身材極為瘦小，但精悍超拔出羣，可不捨晝夜地專心鍛鍊。當時，以許蘭洲將軍為始，紛紛向李書文求教的三省旅軍將軍們，真是多不勝數。後來應河北提督李景林將軍之聘，在天津教授八極拳。

當時燕京的武術家們聽了書文的名聲，就選出二位實力雄厚者到天津向書文挑戰。書文謙遜地拒絕其請求，而設置酒席招待，但那兩人堅持要比賽，書文沒辦法，只好收拾酒席，向一人說了聲「請」，即前進出掌，剛在對方的頭頂部位打了一下，即使對方頭部陷入身體中，兩眼飛出而命絕。但第二人又要求比賽，於是書文再說了聲「請」，便出掌要擊其頭部，這時，對方將頭傾斜避掌，却使掌落於肩上，頓時肩甲骨碎裂，腕關節也脫臼。

書文在室內行掌時，其空氣的衝擊可使五尺遠的窗紙發出聲音來。他還極精大槍術，獲得吳鐘的真傳。有時，取槍射擊聚集牆上的蒼蠅，隨著手的移動，所有的蒼蠅都掉下來了，牆壁却毫無損傷。在槍賽中，和對手相向觸槍，僅是槍柄而已，對方已毫無辦法地倒地了。他也能單手操槍，發揮其神技，即使是單手取槍，而另一手放在腰上來比賽，也沒有人是他的對手。

若書文將長約三尺的鐵棒插入牆中，不管是力氣多大的人，都無法搖動它，更別說是將它拔起來了。

書文的槍法引起人們的注目，因此世人稱他為「神槍李」。

## 有關賀殿閣的記述部分

賀殿閣，小集人。八極門第七世，是李書文的弟子。教授清朝溥儀八極拳。（註10）

## 有關韓會清的記述部分

韓會清、羅疃天方敎人。名化臣，字會清。八極門第六世，是張景星的弟子（註11）。民國十七年，參加南京中央國術館館長張文江所招集的「全國國術考試」，得第一名，也因此而擔任中央國術館的教務長，獲證書獎章。

至此，將上述引用『滄縣志』時所附加的註解，試加說明。

註1.…『滄縣志』大概是民國二十二年時編纂而成的。當時筆者（劉雲樵）陪伴先師。李書文至山東省旅遊，有關八極門的資料，大概都是根據韓化臣的口述。韓所知的，大體上並沒大的錯誤，但不夠正確的地方亦不少，故有訂正的必要。

- 吳鐘是孟村鎮人，（舊縣志也有此記載）却不可說是八極門的始祖。（前所引述縣志的「八門」，恐怕是脫字吧！）只是在歷史上留名的一個人而已。因此在『滄縣志』中所寫的第幾世，都不可以隨便相信。

- 傳承八極拳者，另外還有孟村的金鳴琦等。（他的子孫金洪志先生，現仍在台灣。）吳、金兩姓在孟村鎮是兩大姓，也多丁、李等姓。

- 孟村是八極拳、劈掛掌的發源地，也是吳鐘所傳的。原來就有「八極參劈掛、神鬼都害怕」的讚辭。因爲韓化臣是羅疃人，所以有關羅疃一帶的記載有許多，但孟村一帶的事情却全部闕如。

  吳鐘、回族人。推測他和王允禔比賽時，正值壯年，因此可能是清代順治年末（一六六一年）至康熙初年（一六六二年）時出生的。

註2.…恂勤郡，王允禔是康熙帝的第十四子，和吳鐘比賽槍術落敗，拜吳鐘爲師，推測那時吳鐘正值壯年（三十五～四十歲）。

註3. …"癩"和"癖"這兩個人是實際存在的人物，一般認爲是反清志士。因爲許多反清志士都隱姓埋名，傳授武術。據推斷，這個時期是明朝末年到清朝初期。

註4. …吳榮是吳鐘的長女，而記載張克明是吳榮的弟子，則時代上有出入。如果吳榮是吳鐘自燕京回鄉後才生的話（大概是歸鄉前生的吧！）那麼，大約是康熙末年到雍正初期（一七二三年左右），如果張克明在咸豐年間護衞南皮張文達的萬督漕運時，是三十歲左右，則張克明出生於嘉慶二十年。（嘉慶有二十五年，其後的道光是三十年，咸豐是十一年）如此一來，吳榮出生的時間和張克明出生的時間相差了近兩代。也就是雍正的十三年，乾隆的六十年，再加上嘉慶的若干年，換句話說，張克明出生時，吳榮至少已有八十歲了。這大約是記述錯誤，漏了一代吧！

註5. …李大中，羅疃人。同治七年，幫助李雲表而戰死……，照這樣想來，李大中的時代應該較張克明更晚吧，怎麼會是吳榮的弟子？

註6. …有關於張克明、景星、玉衡三代，推考其年代，如果張克明是嘉慶晚年（一八一五年前後）出生，而景星是清江之役前出生的話，因宣統二年景星在天津武士會任敎之時代與咸豐年間的清江之役相差五十年，故宣統二年時，景星約爲六十歲。其子玉衡若是光緒初年出生，那麼民國十九年，受李鳳來之聘任敎職時，至少也有五十歲了。

註7. …黃四海是羅疃人，張克明的弟子。清江之役，隨師傅克明參戰，建立功名。若此時是三十歲左右，則是道光年間出生的。李書文生於同治初年（一八六四年）、卒於民國二十三年（一九三四年），享年七十歲，因此若要論及與黃四海的關係，則李先生比黃四海年輕了約二十歲。但據李先生所說的，他在孟村金家學八極和大槍術，却未提及向黃四海學武之事。

註8. …李先生非南皀人，而是長沙人。

註9. …參照註7。

註10.…孟村鎮李書文賀殿閣的「賀」是「霍」之誤。霍師兄是李
　　師傅中年時才收的「開門弟子」。

註11.…韓會清羅疃人，名化臣，張景星的弟子…。在這一段裏，
　　我認為大有訂正的必要。

　　　如果韓化臣在中央國術館成立初期是二十歲的話，是光
緒末年出生的吧！那麼韓出生時，張玉衡已經三十歲了。若
韓十幾歲開始習武，玉衡是四十幾歲。（如果玉衡是光緒初
年出生的話）。假定此時景星尚健在，至少也已九十歲了。
由此事推考，謂景星收韓為徒，與玉衡為師兄弟，實在不可
思議。因此韓為景星弟子之事，實有相當大的疑問，若說是
玉衡的弟子，倒是可信。

　　　還有，韓曾應中央國術館之聘任「教務長」之職…，在
中央國術館裏，並無「教務長」之職，只有「教務所長」和
「編審所長」。馬、趙、韓三人待在中央國術館的時間很短
，就返回鄉里了。後來他向李師傅報告編大、小八極拳為教
材和創立對打招式之事，卻因其教材改變了八極拳本來的動
作，而受到李師傅的叱責。因此，在中央國術館傳授的八極
拳，已大大地失去本來的面目。

　　　依韓化臣口述而成的『滄縣志』，全部介紹都是以羅疃為
主體的，其實八極拳的名家，在滄縣東南鄉一帶各村鎮甚多
。

　　　八極門的主流是孟村，與羅疃是以劈掛門的隆盛地有名
。若說孟村的八極門系統全部都已滅絕是不太可能的事，由
此可見，『滄縣志』中的記述是不太充足的。作者（劉雲樵）
入八極門後，尚年輕就獲李師傅授與『八極拳譜』，後隨李師
傅出遊山東省。當然是將拳譜放置家中，旅途中抗戰開始，
於是就這樣入隊參戰，未回滄縣家中便到台灣來。因此，
『八極拳譜』未能帶出來。但是作者（劉雲樵）在此所述的，
有的是得自李師傅和同門師兄弟；一部分是孟村金家的後代
子孫金洪老先生所敘述的。

　　接下來，我們來看看孟村金家的系統。

　　金鳴琦、孟村鎮人，生於乾隆五十年（一七八五），是

受孟村吳鐘傳承的直系，較張克明早約三十年。卒於光緒初年，享年九十餘歲。一般認為鳴琦是向吳鐘的弟子學習的，但因其姓名記載不明而失傳。

鳴琦的拳術、大槍術和醫術是吳鐘的嫡傳，他的姪子殿陞更繼承了所有的技術。尤其是槍術已臻出神入化的境地，能夠不傷及外皮地將人點穴。和鳴琦一樣享年九十餘歲。

吳鐘的直系不僅是吳榮，傳給前述的金家系統、村鎮附近的同族和弟子們的也甚多。但是很可惜的，那些系譜都已遺失而下落不明了。眞的很可惜！

『滄縣志』中另有李雲表、丁發祥的記述，但仍嫌不足。李、丁兩人是八極門系統的人。我們順便看一下『滄縣志』的記述。

『李雲表、羅疃人，他的拳術是通臂拳，中年時至燕京，任八旗營的武術教師，有一個人受了某拳師的侮辱，向雲表訴苦，雲表馬上要求和那位拳師較量，一開始交手，那位拳師就畏於雲表技藝之高超而逃走了。此事為人所知，雲表之名在街頭廣為流傳。有無賴之徒頗嫌惡，聚眾百餘，取武器襲擊之，雲表空手迎擊，擊退之。

同治七年，張聰愚侵犯內畿時，雲表正在鹽山設立武術館授拳。那個地方的人們組合了數千人，要求雲表當統率，帶領他們去打捻匪張聰愚。雲表馬上答應了他們的請求，率領鄉里子弟五百人，率先出城，迎擊於鹽南西鹽山鄉兵隨其後。但是捻匪多達十萬，以寡擊眾，雲表等漸漸不敵。苦戰數刻後，終於突出敵陣，回到城中，才知弟子和鄉兵們盡皆戰歿，雲表泣曰：「眾人隨我而往，皆歿，我一人歸，無顏以對鄉親父老。」於是再上馬，衝向敵陣。鹽山的人們在城上看見雲表單槍匹馬縱橫敵陣中，殺敵數百人後，力竭而死。

丁發祥、字瑞羽。孟村鎮、天方敎人，有鑑於明末的亂世，想要守住家園而習武。在地下溝裏獨練三年，純熟其技。

清康熙十五年，北遊燕京，適逢俄國的二力士在較技。一看，燕京的技擊家們皆敗在此二人手下，於是發祥挺身而出，向二人挑戰，俱敗之。皇帝聽了此事，便將發祥召來，授獎予他。大臣們也贈送刻有詩歌的匾額給他。這面匾額，至今仍保存在丁家，發祥爲人沈著、冷靜、樂善好施，不喜輕佻浮薄，有如隱士君子。』

以上是『滄縣志』中的記載，以下再試加若干考察。

## 一　李雲表項

① 李雲表是羅疃人……，如前述羅疃是「劈掛拳」的興隆地，而劈掛又稱「劈掛通臂」，學劈掛時須「通臂」，也就是必須舒展兩臂。因此，就很難將『滄縣志』中『其拳術爲通臂』和「通臂拳」做單純的連結。

② 同治七年，李雲表率五百名弟子擊捻匪而歿。那些弟子全都是羅疃人（同縣志中所記述），其中應該也有李大中。（參照前面的註 5）雲表是大中的長輩，也是羅疃的同族人。因此一般推測二人旣是同姓同鄉，應有親戚關係。

## 二　丁發祥項

滄縣城外的東南鄉一帶，極早就被稱爲「八極窩」，那兒的民風相當保守。其中的孟村被認爲是本門開宗的出身地，孟村人沒有一個不學八極拳的。

丁、李二人雖爲八極門的一派，但是很可惜，歷史記載不完全。自古，我國的武術就不爲學者所重視，因此武學的記載大都遺失或是不正確。實在很遺憾。尤其是對於遺失了本門系譜之事，我一直深感慚愧。

作者（劉雲樵）尚住在滄縣時，同世代的八極門人中，有崔常（長）友、董以文、李硯田等知名之士，師兄霍殿閣

的學生裏還有張連玖、高香田、劉子明、霍青（慶）雲、卞廷傑、張魁文、關俊文、王馬、霍連明、劉青田、劉維政、卞廷賓、連祥、劉君立、李大林（公環）等。霍青雲和霍殿閣一起自天津赴東北的長春（當時的新京），未再返滄縣。李硯田則擔任殿閣學生的指導。

# 八極拳的特徵

八極拳是不傳出滄縣之外的秘拳。其名在武林中廣爲流傳，故自古就以名門拳技著稱。

如前述，在南京的中央國術館裏，八極拳被列爲必修科目，爲便於大家學習，在此介紹它的八個特徵。

## 1. 訓練方法

中國武術的內容可說是高尚且精妙的，但訓練方法却多是很不科學的，極少有能建立秩序學習的拳術，而八極拳術就是那極少數的拳術之一。

八極門的訓練首先要由「小八極」的套路開始，以此做基礎後，加以「大八極」隨己意發展其術，再以「六大開」極其藝。然後再以數種功夫將武術做最終、最完美的完成。

## 2. 發勁

拳中若不發勁，就只是健康體操而已，那就完全失去了武術的意義。現今可見各門多種多樣的拳術，大都已失去了各自的發勁方法，結果是，花費一生苦心練習，却往往無法使用。八極拳則仍保存了原有的發勁法，而且相當簡明、方便使用。若照著方法的引導去做的話，可得到充分的效果。

## 3. 實用性

八極拳中全無花招，盡是質實純樸，一招一式都很簡潔，各個動作的目的只是要抗敵、應敵。不求美觀，而只尋求實用效果。

## 4. 下盤和步法

拳術的根源在腿，而下盤（下半身）的訓練是最辛苦的。許多志於練拳的人，過半數不堪這種下盤功夫訓練之苦而中途而廢；或不注重下盤功夫，僅學些炫目有趣的技術，留存一些沒有用的東西。

八極拳是將下盤的訓練（稱爲跺子）和步法編入套路中，以做爲紮實的根基。學習八極拳時必先通過這個艱苦又嚴格之門，也就是說，若無紮實的根基（下半身），則無法開出八極拳這樣美麗的花朵。因此，八極拳的功夫是否正確，一看便知。

## 5. 學習的容易性

如前述，八極拳是沒有「花招」的，因此各式、各動作都極爲質直、純樸，非常易於學習。只要勤勉地反覆練習，必能得到效果。重視下盤功夫的訓練，求其純樸性，勿大飾其表面，也不故意神秘化，眞心地學習就可。

## 6. 變化技

雖然八極拳是很簡樸的，但却不是意味著粗簡。其實應該說是累積了眾多實戰經驗的技術結晶，是這樣的簡潔性。因此，表面雖然看似單純，但却內蘊高度濃縮技術的精華。熟練以後，則變化無窮。一個人遇到對手時，也可隨對方變化而變化，且內藏的功夫，將不斷地湧現出來。

## 7. 速度

八極拳的目的是要應敵，因此從許多的經驗中探求最有效的技術和使用時能給予致命傷的地方。它是從同類的數百種技術中所選出來最具效果者。在此所謂的效果是指快速、簡潔、直接性，穩當而確實，易給予致命傷，變化多端等。

## 8. 完全性

八極拳的訓練是依三種套路來進行的。但這三種套路各有不同的練習目的，也就是依訓練方法的不同，得到不同的效果。訓練學習者在自衛制敵時，能正確地取出距離的長短和高低。這點和前述的各個特徵相結合，就是武術、武術最終的實現。同時，以變化「術」爲「藝」爲目標，將本爲應敵術的武術推向學問和藝術的境界，做爲學習八極拳者，也可以成爲這樣的人材。

# 八極拳的內容

## 一、八極拳的套路

八極拳的套路是以「小八極」「大八極」和「六大開」三套為中心。

①「小八極」又名「小八極拳」「八極架」和「八極小架式」，由滄縣外傳後，又被稱為「老八極（拳）」或「死八極（拳）」。這是八極門入門的第一套拳法，非常重要。應該徹底地練習「沈墜」「撐張」「穩重」等，以此為八極門的基礎。

②「大八極」又名「大八極拳」「八極拳」，外傳後被稱為「新八極（拳）」或「活八極（拳）」。這是八極門的第二套拳法，有「拳勢敏捷，動作猛、脆，手法細膩，步法靈妙靈活」之說。其目的是更加鍛鍊「小八極」的各種功夫，並在那基礎上，累積下更進一步的功夫。

③「六大開」是不傳給非八極門嫡傳弟子的一門秘傳。因此其內容在知名度上，較不為人所知。學了「小八極」和「大八極」的本門弟子，還要學習「六大開」徹底發揮八極門之魂的重要功夫。「六大開」是反覆練習六個單招，依訓練目的而有許多不同的練習方法，其意義深不可測。

## 二、八極拳的勁道

在八極拳勁的訓練上，有好幾個種類和階段，大約是先學「沈墜勁」，然後是「十字勁」，最後是「纏絲勁」。依此順序漸次學習、累積訓練，以作為八極門各種拳勢、發勁的基石。

①所謂「沈墜勁」，不只是下盤的鍛鍊而已，而是使身體的各個部位，在運勁時能垂直下沈且很穩定。而且還必須訓練到能夠好好地保持筆直的姿勢。

②所謂「**十字勁**」，簡單的說，就是向上、下、左、右四個方
向畫十字運作，所施展開來的勁。以「沈墜勁」凝縮而成的
勁力向四面八方展開、爆發的意思。

③所謂「**纏絲勁**」是使「十字勁」旋轉、滾轉般穿過、扭轉著
抽出的勁道。不中斷地循環、靈活且敏銳，可伺機敏銳地發
出。

## 三、八極拳的應用法

八極拳中制敵法的基本姿勢是「三尖對」和「蝟縮式」。

①「**三尖對**」就是「三尖相照」，意指鼻尖、指尖和足尖，在
一直線上。時時保持這一直線，瞄準對方。如果這個姿勢不
被破壞，那麼在三尖所形成的防衛圈內就不怕敵手的攻擊，
既可防禦，亦可反擊。

②「**蝟縮式**」是在和敵人對峙時，將身體收縮壓低的一種方法
。這和動物在突擊時，先將身體收縮充分做好"溜"的姿勢是
一樣的，還兼具攻擊的準備。

將身體收縮，會使對方可攻擊的部分減少，在受到對方攻擊
或反擊時，可減少無謂的舉動，在最短距離和最短時間內達
成目的。

八極拳中的制敵並不僅是身法、手法、步法等技術方面，還
有精神方面和意識方面的研究，各要求「狠、穩、準」和「
奸、滑、急」等。

①「**狠**」是精神方面的，在心中有「留情不動手，動手不留情
」的覺醒。同時要自我要求「狠」。其最高境地是「捨身」
打法。

②「**穩**」是態度方面的意識作用，首先要沈住「氣」，使其內
轉，再以「不動如山」的態度臨敵。必須在冷靜中求「勝」
。

③「**準**」是捉住時機、意識上的作用。把握住攻擊的機會，一
出手必命中，在攻擊之部位、時間和方向上都達到要求。八
極拳裏有「三打」的攻擊法和攻擊部位，但使其成功的關鍵

在「準」字。

「奸、」、「滑」、「急」是更進一步的修練。

①「奸」……有「眼要奸」「步要奸」「手還要奸」之說，就是以「突然進擊，攻其不備」為主旨。

②「滑」……變化、誘導和控制，不僅是身體的動作，還要操縱、誘導對方的意識。

③「急」……簡單的說就是速度，而且是動作上和意識上的速度。重視「急上又加急」的程度，好的機會不會有第二次，因此要把握機會，趁機得勝，而「急」是相當重要的。一個動作遲了，所有連續的動作也變遲，那將進而使自己置身險境而被打敗。因此所有的要領，都歸結於「急」字上。

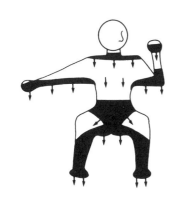

沉墮勁之圖

纏絲勁之圖

運勁先求鬆靜，鬆勻
靈，靈守拳血暢通，靜則
瀠，瀠才發動完整，故形勢
靜是孫拳之要訣也．

武壇國術推廣中心

劉雲樵

# 基本動作解說

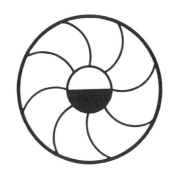

# 八極拳的基礎功夫

學習武術和學習任何東西一樣，必須重視根本，由基礎開始學起。習武的第一步是對基本的椿步（架式）、步法、拳法和掌法等有正確認識。應該先在正確的基本上做紮根的功夫，等確實學得此基礎功夫後，再依次學習基本拳術（套路）和其他的功夫。

學八極拳首先應練習馬式和弓式二個架式，因為這是拳術中最基本的架式。馬、弓二式都有一定的尺度和標準（步幅等），不可過大或過小。步幅過大的話，會犯雙重的毛病，動作上將欠靈活、敏捷性；步幅若太小，不僅無法達成練功的目的，也易失去重心，無法保持平衡。

因此在馬、弓二式上，兩足的寬度是以「一膝之距離」為標準。（參照相片）

**椿步的兩腳寬度**

# 1.樁步

所謂樁步就是把式（架式），也叫站樁。在一般的拳術裏（少林拳等）是訓練稱爲八式的八個基本站法，在本門則以以下的四個站法爲基本樁步來訓練。

①**馬步**……兩足平置地面，上半身放直。兩足間取「一膝之距離」的寬度，兩個脚尖稍微向內側平行，將腰垂直安定。此時，臀部、膝蓋和脚後跟三點所連結成的三角形是正三角形（姿勢不可過高或過低）。頭要直、兩眼保持平行。（參照相片）

姿勢的要訣……立身中正，虛領頂頸、二目平視、尾閭中正、圓腔等。

馬步姿勢的高度基準

臀部

膝蓋

脚後跟

樁步之①馬步

②**弓步**……將兩足安放於地面，張開「一膝之距離」。一膝彎曲，另一足延伸，將體重置於彎曲的一足上。彎曲的那足，腳尖向外張開、扭腰而落，此時所曲之膝不可超出腳尖，同時腳尖向內側保持約三十度。

向後延伸的那足腳尖也以和前足同樣的角度向內，上半身直立，省去多餘的力量，兩眼平行，省去脖子的力量將頭直立。（參照相片）

姿勢的要訣……沈肩墜背、涵胸拔背、全身鬆開、前弓後箭等。

**樁步之②　弓步**

八極門中最重視此馬、弓二式，做為樁步的基本練習，最需花時間來練習。因此，馬、弓二式被稱為本門的「開門基本姿勢」。所謂「開門」，顧名思義是將門打開來，包含了八極門的第一步的意思。

馬步、弓步的樁步訓練之後，就要推進到虛步、半弓、半馬步的訓練。

③**虛步**……將體重置於一足，腰下落，而以另一足的腳尖輕點地面（此即虛）。一般所言的三七步（以前足三分、後足七分來支撐體重的步式）和獨立步（單腳站立）等都包含在虛步中。（參照相片）

　姿勢的要訣……立身中正、鬆腰、前虛後實等。

④**半弓半馬步**……介於馬步和弓步的中間姿勢，又稱為半馬步或四六步（以前足四分、後足六分的比例載重）。（參照相片）

椿步之③　虛步

椿步之④　半弓半馬步

椿步的外形如何呢？由兩足的形狀分為以上四種。一般所言之丁字、八字、不丁不八步也不例外，其他的架式也全由此四種變化而來。

## 2.步法

本門的步法有搓步、碾步、磨盤步、綑步、鎖步和提籠換步等。

所謂步法就是腳步解析和運步，雖然和樁步一樣說是運步，却不是架式。正確的說，樁步的馬步、弓步應為馬式（或騎馬式）、弓式（或弓箭式），加上式來表現。

①**搓步**……兩足一致，以整體勁向前瞬間移動，兩膝彎曲而行。兩足移動時不可離開地面，要在地表上進行。

②**碾步**……把腳放下時，力量置於腳掌，稍稍縮回腳踝般地前進。這是用腰和大腿部分的力量。

③**磨盤步**……借助腰力，移動雙足，同時旋轉身體。因為它用了全身的力量（整體勁），所以變化為馬步時就用這個步法。

④**綑步**……又名「馬步」（有別於樁步的馬步），架式是半馬步，曲兩膝，將力量放於膝頭，可旋向外門（對方兩足的外側），有雙、單兩種用法。

⑤**鎖步**……又名「弓步」，架式是不弓不馬步，將力量放在膝上。與前述的「綑步」是同種步法，但此法是旋入內門（對方兩足的內側）。

⑥**提籠換步**……此步法有正、側二種。正的提籠換步是使用腿勁、迅速交換兩足的位置。側的則使用腰勁，旋轉上半身，互換兩足的位置，不管是正或側皆是以旋轉來同時進行攻守的步法。八極拳中的踩腳就是提籠換步。可說是移動攻擊中最獨特的步法。

## 3.拳法

在此所言的拳法是徒手武術的總稱，並不是拳術、拳法、拳腳之類的意思，而是使用拳的方法之意。

如前述，八極門裏使用「巴子拳」的獨特手型，而用法有數種要訣。

本門的拳法有仰拳、俯拳、立拳和螺旋拳四種。

①**仰拳**……利用沖勁、朝斜上方打出的拳。例如，由下攻擊臉的沖天炮式就屬於此種拳法。這種沖勁是由肘而發，肘的彎度愈大，威力也愈猛。此拳，若一邊前進一邊使用，可充分發揮其威力，却不適合後退時使用。

②**俯拳**……又名「哈拳」和「平拳」，使用搌勁。搌勁就是我們在和麵時，由肩發出來的勁。朝前方稍下處打出。應敵時是使用八極拳獨特的「落實捶擊」法。

③**立拳**……也就是「豎拳」，是使用捅勁。打出的方向和角度是由背中脊椎發出來的，但是先沈住脊背、再彎曲。此種拳法是靠臂功的練習來完成的。

④**螺旋拳**……使用螺旋勁。由腳部發出來的勁通過腿部、臀部，再經由腰部的回轉，傳過背、肩、肘，而到達手。此拳是由仰拳變成立拳、再變化爲俯拳。在此過程中，動用了滾、鑽、弸、架的力量，可以化解對方的攻擊，此謂「不招不架」的打法。

## 4.掌法

　　掌就是開手，以開手的狀態所使用的方法稱爲掌法。（參照相片）

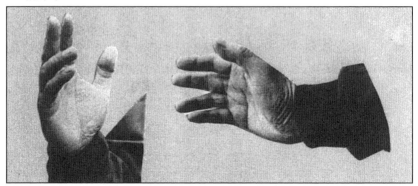

　　八極門的掌法中有切掌‧劈掌、捋掌‧撩掌、推掌‧按掌的三種六掌。各別的兩掌是使用同種勁力，但長短、方向和角度等不同。

　　①**切掌和劈掌**……此二掌都是使用小指側的邊緣，其勁道是發自肘部，因此肘部的彎度愈大，威力就愈大，但是切掌是短勁，約在發出的同時，很快地收回。劈掌是長勁，直貫到底。

　　②**捋掌和撩掌**……皆是使用掌背的掌法，用彈勁、自腕部發出，但捋掌是向下、撩掌是向上。使用時，不用肩部的力量，而柔軟地使用肘部，有時不僅用掌背，也用手指，使手腕有如鞭子般。

　　③**推掌和按掌**……同樣都是使用掌根，勁道發自肩部，稱爲吐勁。因此必須手肘不彎曲，手腕伸直，愈直威力愈大。推掌是後退時，將掌根拉直推出；按掌則是前進時使用，包含了以指尖的點打和用掌根的印打。

# 5.補助鍛鍊

　　以以上的基礎功夫爲中心所施行的補助鍛鍊法，使用吊袋、拍摔凳、鷹爪罈、鐵沙、貼山靠、打沙袋等器材來進行。

　　如「內爲五臟六腑，外爲四肢百骸」之說般，人體是由內臟和骨肉所構成的。在中國另有「內則精、氣、神，外則筋、骨、肉」之說，內臟外側有骨肉，其次有肌肉，再外則爲血脈。將這些總合起來就是人體。使人體能夠靈活運動的根源就是「氣的推動」。

　　因此，在練習拳術時就要「內則培養氣血，外則鍛鍊筋骨和肌肉」，也就是「內練一口氣，外練筋骨皮。」

　　「精、氣、神」是無形的東西，而「筋、骨、皮」是有形的。鍛鍊有形之物，輔以無形；培養無形，則以有形之物加以補助，此「內外兼修」，自古以來就是習武者應有的修鍊。

　　利用補助器材來鍛鍊，其一可增加肌皮表面的抵抗力，即以「外功」爲目的，並練得「掌勁」。另一個是可體會「發勁」的要領，即「運氣法」、「內功」。

　　如果能將氣由丹田運至手足，就達到「鼓氣如剛」「歛氣如綿」的功夫境地。

　　拳術是「方法」，補助鍛鍊則使「勁力」增強。若僅有「方法」而無「勁力」，不能打倒敵人，有「勁力」而無「方法」同樣不能制敵，「方法」和「勁力」就如車的兩輪，缺一不可，必須兩者同時鍛鍊，而相輔相成。欲制服敵人的暴力，此種補助鍛鍊也是習武者不可或缺的過程。

①**吊袋**……用於拳打、靠法和腿法等的訓練，手提包式的一種。

②**拍摔凳、鷹爪罈、鐵沙**……用於所有掌功的訓練，不僅增強手部的抵抗力，還有培養功力、鍛鍊手指力量的目的。

③**貼山靠**……別名「鐵山靠」，這個鐵字充分表現出功夫的激
　　烈性。實際練習這種功夫的人，能夠了解在初步階段時，貼
　　壁擠靠肩部的情形，故能體會「貼山靠」之名真正的由來。

④**打沙袋**……這是不問派別的各門派共通的一種訓練。但因門
　　派之別，練習的方法也不同。
　　八極門中「打沙袋」的鍛鍊方法有許多種，無法完全介紹，
沙袋的種類也多，各有各的使用方法。現在要購買或製作沙袋非
常困難，即使有，也需要很大的地方來練習。其中，有綁在身上
來使用的，是用河北省滄縣才有的特別的「細沙」來製造，因此
製作上十分困難，也限制了這些鍛鍊條件。不僅是物質的條件，
因社會、時代的變化，生活條件也有所不同，漸漸無法滿足充分
的鍛鍊和各條件的要求。

佛家調拳以悟其道

家練拳以固其儒家養

拳以拳聖以皆靜之為敬

也如孔守泓靜以摟出拳

列入道盍

鄧雲樵

# 八極門柔身六法

　　健康是人生最大的幸福，但是要求健康必須有方法。近代醫學界的鬆身就是理論性地研究如何去除心理、生理的障害，解除肌肉的緊縮。中國古代就已有理論的研究。中國武術尤其不能離開「鬆、靜、定」三個字。我（劉雲樵）以自己數十年來的體驗，整理拳術中的動作，編成了「八極拳柔身六法」。此由六個基本式所成，全以「自然」爲本意，符合生理原則。練習容易，並可得到充分的效果。同時加以理論性的說明，使練習者可深深地體會出此柔身法的精髓。

　　一般的印象裏，認爲要獲得健康，反覆鍛鍊筋骨和肉體部分就有效，却不明瞭眞正的健身，除强壯肉體，還須有培養內面的「養生」功夫。中國有句話說「外練筋骨皮、內修一口氣」，此處所謂的「氣」是代表一個人的「氣質」，換句話說，就是要修練一個人的「個性」，並將此個性提昇至「眞、善、美」的境地。

　　要如何由「健身」達到「內修外練」的目的呢？最簡單的方法就是做好「準備功夫」。例如，各式之前都有所謂的「預備式」，此即「準備功夫」。大家絕不要小看這些簡單的動作，唯有完善地做好「準備功夫」，才能藉助柔身法得到最大的效果。

　　以上舉柔身法第一式，抬臂繞環的預備式爲例，說明如何來做「準備功夫」。

　　首先，將身體直立，保持全身放鬆，身體的各個部位都依力學上的原則，回歸自然。此時，除去腦中的一切雜念，靜心凝神，將氣沈於丹田中。

　　我們都知道人類是萬物之靈長，所有的動物中，只有人可以完全直立。由此來看，人類的骨骼構造可說是十分奇妙的。

　　又因爲自身的力學構造，骨骼可以支撐各種不同的姿勢和體型。因此，當我們站起來時，全身各關節是保持在最輕鬆的「自然彎曲」狀態。爲達到這個目的，我們要將意識集中於腦部，由

頭至肩、肘、手，然後是胸、腹、腰、膝、脛、足，檢點各個部位，是否有緊張過度的部分？是否有不適合或不自然的地方？詳細檢視一番，若有，則馬上修正。

通常會引起不合適狀態的原因有二：一是姿勢不正的情況，因爲這個缺點是有形的，所以就用前述的方法，再檢視身體各部位、各關節，加以糾正。另一個則是因內面無法成形，過度緊張而引起呼吸的混亂等。此種不自然是無意識的型態，糾正時必須以「意識的行爲」來修正。例如：平常的動作和說話都極爲順暢自然的人，在面臨非常的事情時，就有了不自然的行動，這是由於這個人的感受和意識受到外界的刺激，而引起的反應。這種情形，只有轉移意識，才能解除緊張的感覺。

前述「準備功夫」中重要的是要養成檢視身體各部位的習慣。此檢視不僅可糾正有形的偏頗，同時還有轉移意識的效果。如果在我們腦中有這種概念，時時自我提醒，集中意識來自省，那麼外界的煩憂、不安和干擾等就不會引起人的緊張感而陷入不自然的狀態。因此，此檢點可說是一種意識訓練，是掌握「養生」「健身」的重大關鍵。

在實際練習柔身法時，必須注意身體的動作。人類的骨骼就像立於地面的衣架，皮肉就像掛在上面的衣服。這個衣架是自己安立的，所以所掛衣服的好壞並不會對衣架產生影響。同樣地，人體的皮肉也不影響骨骼。但是，如果身體的動作給骨骼的自然構造帶來不自然，則甚而影響到筋肉……。當然，在呼吸和其他生理機能上也會產生障礙。

因此柔身法的動作必須發於中而形於外。「健身」和肉體外觀的美醜訓練無關，而是要恢復骨骼的自然，這個使姿勢正確的觀念非常重要。

「健身」的方法非常多，在此，我不論些深奧理論和玄妙方法，只是將最簡單、最有效的動作介紹給讀者作爲參考。

以下所要介紹的柔身法，不費時間、不占空間、不分性別和年齡，都可實行。只須有持續下去的意志力，就可治病、強身，甚至保全天壽，享受朝氣蓬勃的人生。

## ◎附記

柔身法以「健身」「養生」為主旨。各式動作是以提取自八極、劈掛拳式的身體操法為原理，再構成。

這個運動所及的範圍，不僅舒展脖子、肩、肘、手、腰、臀、膝、足等各關節、經脈，還增加拳勁、腰勁、腿勁等基本功夫。所以它不單是「健身」體操，還兼具武術基礎的養成功能。修鍊武術者，如果能把握要領苦練，自然能鍛鍊筋骨，產生氣力。實現所謂的「拳打邁遍、神理自明」。

最後，學習武術在於端正身心，過正常生活。柔身法只不過是「養生術」，真正的「養身之道」是要保守身心、培養生命的根源。孟子有云「養身莫善於寡欲」，所謂「寡欲」即「主敬存誠」，日常飲食起居非常有規律，決不失去節度，不違背「養生」的原則。若不如此，就危害自己的身心、誤了道。道教所言的長壽秘方、仙丹妙藥也許是不可能得到的，但是我們盡人事以待天命。雖說只有天知曉命運，但操縱命運、給生命活力的卻是人類。先哲有言「天助自助者」，必須自己邁步向前。道路不會擺在你的面前，而是要靠自己走出來。

# 第一式

## 抬臂繞環

①兩腳併攏挺立。脖子不用力，將頭往上抬。全身適當地放鬆、肩膀自然下垂。兩眼平視、將頭擺直，看著正前方。

**要領**：頭正頸直、兩肩鬆沈、二目平視、全身放鬆。

**注**：此為第一式的預備式（準備功夫）。

②兩腕慢慢地向前方抬起，不要過於用力，以免不自然。兩手的手指也不要用力，手肘才不會不自然。兩腕抬至胸部的高度，此時掌心向下。

③將兩手慢慢放下，經過腰側
，向後約45度。全身放鬆、
保持身體的垂直。當兩手經
腰側向後移動時，把些微力
量放在雙足上。

④利用兩手自然回復到前面的
力量，將兩手往上擺。兩個
掌心向下、兩肩放鬆、但決
不可往上抬。兩手不要用力
地往上擺，此時緊閉嘴巴，
慢慢地用鼻子吸氣。身體稍
微向後彎曲。

⑤接著將兩手慢慢地由上往後擺，在頭頂處延展開來。以雙手畫弧、慢慢擴大，並挺起胸來。此時兩腳跟稍稍往上抬起。隨著兩手的擺動，頭也往後仰、兩眼跟著雙手的擺動。隨著胸部的擴大，深深地吸一口氣。

⑥將擴張至後上方的兩手，由前而下地回復，並經腰側擺向後方。此時要慢慢地吐氣。全身放鬆、配合兩手的動作，兩個腳跟也慢慢落於地面。

　　請將①～⑥慢慢地反覆數次，這是創造肩部和胸部鎖骨關節的柔軟性，使其靈活的訓練，訓練的重點在肩部，並配合呼吸。

# 第二式

## 擺臂扭腰

①與第一式的「準備功夫」一樣挺立，兩手輕靠腰側，全身放鬆、頸部擺直，兩眼平視正前方。

②兩腳取「一膝之距離」張開，腳尖向前站立。重心置於兩足的中心。

③將腰水平地轉向左方，扭轉上半身往左後方看，利用腰部迴轉的力量，兩手也自然繞身轉動。不要把力量放在肩、腕和手上。同時，配合著迴轉，右脚跟輕輕抬起。

④腰部迴轉至極限後，自然地回復至右方。身體再面向正面。其迴轉的力量使兩腕向左右分開，這不是意識性的添加力氣，而是腰部徹底迴轉的慣性，使兩腕回復到前面後，向左右分開。此時，兩足不要離開地面。

⑤前一式的動作不要停止，繼續將腰向右迴轉，上半身也充分地向右扭轉，兩腕會因迴轉的慣性，環繞身體。兩眼看向後右方，配合著腰部的扭動，左脚跟輕輕抬起。

⑥與前式④相同的要領，將腰部轉回、身體朝向正面，慣性使兩腕分開在左右兩側。穩定重心、放鬆全身、將②～⑥的動作慢慢地反覆數次。

　　這是提高腰椎旋轉、運動能力的訓練。以腰椎為軸，使用腰勁來自然回轉。手和腕決對不要用力，以便能柔軟地環繞身體。

# 第三式

## 舉臂後伸

①與第一式的「準備功夫」（
預備式①）相同。

②與第一式的抬臂繞環相同，
將兩腕伸直，掌背向上，自
身體兩側慢慢地向前、上舉
至胸前。手指自然張開，輕
輕伸出。

③前式的動作不要停止，繼續
　將兩腕上舉，全身放鬆，隨
　腕部的移動，上半身向後仰
　、彎腰。兩眼看著掌背盡量
　將兩腕向後延伸。

④將向後彎的兩腕向左右開張
　，盡量將頭和上半身往後仰
　。上半身仰至極點後，就像
　慣性上身體會前後輕搖般地
　搖動二～三次。

⑤利用腰部的彈力使腰還原，上半身慢慢向前傾斜，兩腕由後而上、而下地舒展下來。同時曲膝、彎腰，兩膝不要分開，兩手下垂，指尖輕輕觸地！

注：上半身不要用力，而在膝部用力，兩腳蹲下時，腳跟不要離地。

⑥慢慢伸直雙膝，兩腕一邊向後上擺，一邊深度的彎腰。頭頂朝下，兩個掌心由後方向前推。腳掌不要浮起，膝部盡量延伸。以後再由前式⑤的姿勢回復到②的姿勢、反覆③～⑥的動作數次。

這是增強腹筋、腿筋和腳掌筋伸展性的訓練，也是協調肩、腕、足、膝等各關節的訓練。

# 第四式

## 左右撐掌

①兩腳取「一膝之距離」的寬
　度直立，腕、肩處不要用力
　。兩眼成水平看著正前方。

②與第二式「擺臂扭腰」相同
　，以腰椎為軸，先將上半身
　左轉、左右腕再由左向後揮
　。此時，左手不要揮向身體
　的後方，而是大幅地搖向身
　體左側。眼睛看著左手。右
　腳跟輕輕自地面抬起。

③向右反轉腰、上半身向右扭
　轉。左脚跟輕輕抬起，兩腕
　隨腰部回轉的慣性大幅搖向
　右側。眼睛看著右手。

④再一邊將腰向左反轉，一邊
　成弓步姿勢，兩腕在身體的
　左右兩側大幅張開，以掌心
　向左右推，掌背向上，一口
　氣出勁地打出雙掌。
　　這個是訓練足、腰、腕、
　肩、肘的連環性和柔軟性，
　並增加肩、肘等關節靭帶的
　柔軟性。再將①～④的動作
　左右反覆數次。

# 第五式

## 左右蹬腿

①兩腳並列、手叉腰。放鬆頸
部，兩眼水平地看著前方。
放鬆肩部和肘部，使全身成
輕鬆狀態。

②先抬起左腳、以右腳單腳站
立、並取得平衡。將左腳抬
至腰部的高度、腳尖朝下。
成為軸足的右腳膝部，不可
彎曲。

注：單腳站立時，上半身絕對
不要向前後左右傾斜，也不
要再多用力，以免身體變得
僵硬。

③左脚尖朝上，以要往前踏的姿態，用脚跟踢。膝蓋伸直，用力踢出去。注意在踢時，上半身不要向後彎。（參照側面圖）。

④將踢出去的左脚放下，再用右脚做相同的動作，反覆數次。注意平衡。

　這是脚力、腹筋、背筋等的訓練，也有强化膝關節靭帶的效果。

# 第六式

## 馬步弓捶

①兩足間取「一膝之距離」，站直，全身放鬆，頸部不要用力，將頭頂往上伸高。兩眼平視正前方。

②兩膝慢慢彎曲、腰部往下成馬步。兩腕在胸前彎曲，並且不要向外張開的往下降。兩肩不用力、背脊伸直。兩手成巴子拳，掌心相對。兩眼看著正前方。

③先將左拳放在腰際，右手仍
　握拳成馬步姿勢不變。肩、
　肘等部不須多費力，僅是輕
　鬆地將左拳放在腰側。

注：放在腰側的左拳也是巴子
　　拳、再成立拳。

④將上半身向右回轉、兩足變
　為弓步、扭腰落肩、左巴子
　拳由腰部向前方（身體左側
　）打出。並將右巴子拳由胸
　前放回腰側。右肘往後，與
　打出去的左腕成一直線。兩
　眼看著打出去的巴子拳，頸
　部垂直，保持不用力的柔軟
　狀態。

⑤反轉腰部回到馬步。打出去的左巴子拳不收回來，輕輕將肘部彎曲下落，成輕鬆狀態。放在腰側的右巴子拳不要動。兩眼看著正前方。

⑥接著將腰部往左迴轉，扭轉上半身成弓步。放在腰側的右巴子拳向前（身體右側）打出。左巴子拳與前面的④一樣收回到腰部。其他的要領和④相同。打出巴子拳時，為使足、膝、腰、肩、肘等的動作同調，要用力打。反覆③～⑥的動作數次，練習打左右巴子拳。

⑦反覆③～⑥的動作數次後，
　回到②馬步的姿勢，將巴子
　拳在胸前輕推出去，慢慢地
　調整呼吸。要領與②相同。

⑧穩定呼吸後，慢慢地將膝蓋
　伸直站起來。兩巴子拳變為
　掌，不要用力，自然下垂於
　身體兩側、靜下心來。
　　這是協調全身關節的動作
　、訓練下盤功夫和增益拳法
　的重要訓練。

　　以上是「八極門柔身六法
　」的所有動作的解說。

# 八極拳第二套「大八極」

「大八極」原名「大鈀子」，是「大架式」。也是學了「小架式」的「小八極」後，八極門的第二套拳法。別名為「活八極」、「八極大架」，也有單單稱為「八極拳」的。

練習「大八極」時動作比較迅速，姿勢是開展的。拳路上重視化勁，要求練習纏絲勁在全身的充分旋轉。與第一套拳法「小八極」的相異點是，它具有「一剛一柔」。因此在八極門裏，到達「小八極」的功力階段時，遭遇了敵人，是用剛勁將他彈出去、打倒他。但到達「大八極」的功力階段時，是先用柔性的纏絲勁引誘對方、加以封鎖，把他迫至無法變化的狀態後，在因纏絲勁失去了平衡的對手想逃跑時，趁機發出剛勁來打倒他。

以下是八極門第二套拳法「大八極」的所有動作的解說。並說明各個動作的要點和使用的例子。

| 1 | 起　　　式 |
|---|---|

雙脚併立，兩手在身體兩側自然下垂。舌尖頂住上部前齒的根部，以頸將頭往上頂。兩肩放鬆下沈、肘部下垂、挺胸、背脊伸直。氣沈於丹田、集中意念。

**要領**：虛領頂頸、沈肩垂肘、含胸拔背、氣沈丹田、意念集中。

| 2 | 獻 肘 |
|---|---|

①左脚向前踏出約半步，與右脚
　一同站立、鬆弛兩膝。兩手成
　巴子拳狀、左腕豎立於左肩前
　。右拳放在左肘下方。腰部稍
　向左扭轉、看著左側。

②繼續前面的動作，將右拳由左
　肘下方向身體右側伸出去。同
　時將左肘朝身體左側推出（獻
　肘）。眼睛先隨著右拳的移動
　看右側，再看左側。（兩膝彎
　曲腰部下沈。）
用例：對方用右手攻擊過來時，
　　　以左腕來接招、再用右拳來
　　　還擊。

## 3 挑 打 頂 肘

①身體轉向左側的同時，跨出左
　腳成為虛步。變手為掌，左掌
　在前方下壓後落於腰側，右掌
　由下繞向前方遞出。
**用例：**用左手將對方的攻擊擋於
　　　外側而躲過，再以右手抄起
　　　對方的股間來加以攻擊。

〈由正面看上式〉
　　注意左手的位置和上半身的
扭轉等。

②將重心移至左脚，右脚由下向
　前踢出去。同時把右手向上舉
　起，左手守住股間向下方押。

**用例：**對方用右手攻擊過來時，
　　就用右手將對方的手腕向上
　　推開，再用右脚掌踢向對方
　　的脛部。

③踢上來的右脚踏地，左脚前進
　成馬步狀，變左手爲巴子拳，
　由下上舉。右手越過頭頂變爲
　巴子拳，在身體後方（右側）
　打擊出去。

**用例：**以左腕躲過對方的攻擊，
　　再打擊其左肘。

## 4 | 右 横 打

①重心移至右足成虛步，變左拳
為掌，在身體左側推出去。右
拳也變為掌，掌心向上。

②左脚踩回、右脚跨出成半弓
步。同時將左掌收回腰側，
掌由橫面向前方打出去。
**用例：**對方用左手攻擊時，用
掌向外側排除，並轉身用
掌橫擊。

| 5 | 左 橫 打 |
|---|---------|

　　重心置於右足，右足下踩、左足前進成半弓半馬步。右掌在身體右側向外拂過，左掌由側面向前打去。

**用例：**以右掌擋開對方右手的攻擊，並以左掌橫擊對方的腰。

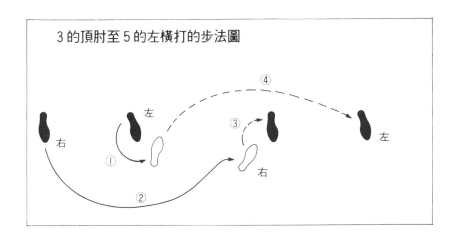

3的頂肘至5的左橫打的步法圖

1. 左足由虛步狀態到支負體重地踩下去
2. 右足向前大步前進，成半弓半馬步（右橫打）。
3. 與①同，重心移至右足後踏下去。
4. 左足向前進，成半弓半馬式（左橫打）。

## 6 轉身下式

變雙手為巴子拳，左拳向內側捲、置於左肩前方。右拳向外側大幅度畫弧地環繞、停放於額頭右側，扭轉身體向左回轉，落腰、左腳向斜後方邁去，（左仆腿式）。同時，左拳跟著左腳的向下邁出而打出去。

**用例：**用左腕擋住對方的右拳攻擊，加以牽制，再用左脚制止對方跨足，此時還可用左拳攻擊對方的股間。

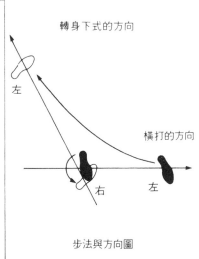

轉身下式的方向

左

橫打的方向

右　左

步法與方向圖

## 7 　擊　襠　捶

①身體向前移動，重心移至
　左足成弓步。左拳同時上
　挑，右拳自額頭橫側移至
　右肩前方。

**用例：**用右手遮攔對方的攻
　　　擊，隨重心的移動，用
　　　左拳和手腕，由下掬打
　　　對方的股間。

②右足靠向左足，兩足同時
　稍向前方踏出去，變左拳
　爲掌，收到右胸部前方。
　同時，將右拳向下前方打
　出去。

**用例：**用左手遮擋對方的右
　　　拳攻擊，同時以右拳攻
　　　擊對方的下半身。

## 8　右　踢　腿

　　上半身和兩手的位置不
變，用右脚向前踢。
　**用例：**配合對方的攻擊，用
　　　　左手或右手來抵擋，並
　　　　用右脚來踢對方的股間
　　　　和下半身。

## 9　反　　　砸

　　將踢出去的右脚在前方放
下來，成爲馬步。左掌在前
方下壓，置於腹部前方。同
時，右拳由內側旋轉出去，
用拳背朝前方打去。
　**用例：**左掌由上打下以招架
　　　　對方的攻擊，右拳則由
　　　　上打下攻擊對方。

## 10 弓步左探掌

重心置於右足,移動成弓步,同時變右拳爲掌收回到腰際,左手也以掌向斜前方打出。此時,右掌在身體前方畫弧,放在腰側的左掌,也自右掌下方畫弧朝前方打出去。

**用例**:右掌抵擋對方的攻擊,左掌攻擊對方的側腹。

上式的正面圖

兩手的運動線

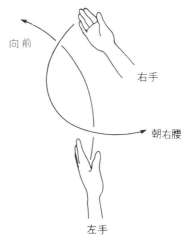

向前

右手

朝右腰

左手

①以左足為重心，成半弓半
　馬步，左掌拉回到胸前，
　右掌沿著左腕向前延伸。
　右掌的位置在左掌之下。
**用例**：用左手抵擋對方的左
　　　拳攻擊，用右掌刺向對
　　　方的側腹。

②利用腰勁，同時轉換兩足
　的位置成馬步，左右兩掌
　向身體的兩側打出去。
**用例**：利用轉體的力量躲開
　　　對方的攻擊，同時以右
　　　掌攻擊對方的側腹。

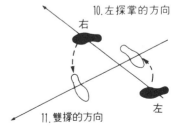

10.左探掌的方向

右

11.雙撐的方向

左

<table>
<tr><td>

**12** 推 窗

</td></tr>
</table>

① 重心在左足，成虛步，腰
　右扭，同時將左掌叉到右
　掌下，再向前推出，右掌
　在左腕上方。

**用例：** 對方以拳攻擊時，就
　　　用兩手把他的手腕由下
　　　挑起來抵抗，摧毀對方
　　　的體態。

② 移重心於右足，左足大步
　前進，右足也配合左足的
　移動，輕步前進。左右掌
　向前上方抬起，兩掌同時
　向前推出去。

**用例：** 對方若想用兩手來阻
　　　擋我們的手的活動時，
　　　就快速前進，用兩掌攻
　　　擊，將他打倒。

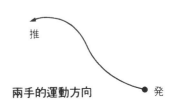

推

**兩手的運動方向** 發

## 13 落 步 掌

右足大步後退，穩住重心，左足也配合右足的移動拉回來而成虛步，右手下、外、上大幅擺動，停放在頭上高處，左手捲向內側下落，放在左膝外側。

**用例：**對方用手、足連續攻擊時，就用右手和左手在外側抵擋，還可以左腕對抗對方踢過來的腿。

上式的正面圖

←請注意腰和兩手的位置

### 由12推窗到13落步掌的步法和方向

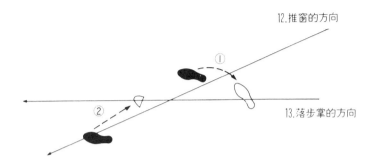

1. 右足向後退讓移重心。此時脚稍往斜內側縮回。
2. 隨右足移動，左足也大步收回，脚跟浮起成虛步。

### 由12推窗到13落步掌，兩手的運動線

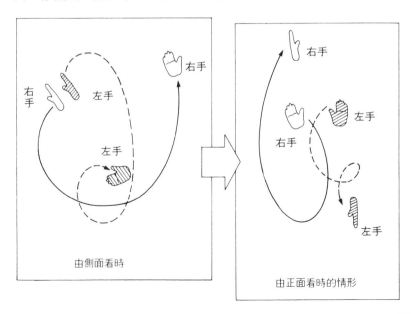

## 14 轉 身 撐 掌

①左足踏向前方，右足抬起來，
　上半身大幅前傾，頭下垂。左
　手大幅向後上擺，右手由上而
　下押下去。

**用例：**用左手排除敵人的攻擊，
　　　用右手和手肘自上方攻擊對
　　　方的胸部。

②將舉起的右足放下，反將左足
　向上，扭腰改變身體的方向。
　抬起的左足在後方落下，左掌
　上舉。同時，將右掌放在右側
　腋窩下。

③前面的動作不要停止，就以馬
　步的狀態，將右掌向身體的右
　側打出去。

**用例：**對方用右拳攻擊時，就用
　　　左手把他的手腕往上撥來抵
　　　擋，同時用右掌攻擊對方的
　　　側腹和胸部。

上式的正面圖

兩手的運動線

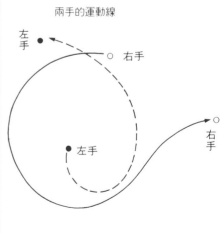

## 15　進步左撐掌

①將重心移至左足，右足輕輕往
　後拉，用提籠換步使身體向右
　回轉。右掌向外側放，左掌則
　自後上方向前方落下。
用例：對方用右拳攻擊時，就用
　　　右掌在外側抵擋，破壞對方
　　　的體勢。

②右足踩下去，左足前
　進成馬步，同時將左
　掌向前方打出。右掌
　收回至額前。
用例：繼續前面的動作
　　　，用右手破壞對方
　　　體勢的同時，踏地
　　　，用左掌攻擊對方
　　　的側腹。

## 16 進步右撐掌

①左掌下押，右掌在胸
　前處放下來。左足輕
　輕往後拉成虛步的姿
　勢，腰部稍向左轉。

用例：對方用手來攻擊
　　，就用雙手來接招
　　、使無法再施展。

②腰部向左轉，左掌由
　下而外而上轉，右掌
　放在右脅下。

用例：如果以前面的動
　　　作不能制止敵人的
　　　攻擊時，也不要停
　　　止，用左手在對方
　　　的攻擊外側使他失
　　　去重心，破壞其體
　　　勢。

③左足踏地，使用提籠換步轉換身體的方向，右足大步向前成馬步。左掌向上大幅振動、止於額前。右掌則在右足完全踩下去的同時朝前方打出。

用例：以前面的動作來對抗對方的攻擊，再趁機前進用右掌攻擊對方的側腹。

## 17　進步左撐掌

①與前面第 15 式一樣，置重心於左足，右足往後拉回成虛步的姿勢。將腰部向右迴轉。右手置於外側，左手由額前向前方放下。

用例：與前面第 15 式相同，用右手將對方的攻擊排於外，用腰、足的力量使肩部迴轉。

②右足踩地，改變姿勢
　，左足向前大步跨出
　成馬步，同時將左掌
　向前方推出。右掌則
　放回額前。
用例：以前面的動作抵
　　　抗對方的攻擊時，
　　　趁機前進，以左掌
　　　攻擊對方的側腹。

## 18 　進步右撐掌

①與第 16 式同，移重心於右足，左足
　稍微向後拉回，採取虛步姿勢，腰部
　輕輕轉向左方，左右掌由上落下。
用例：利用身體的移動、扭轉，用雙手
　　　將對方的攻擊封鎖於下方。

②腰部再向左轉，並利
　用扭轉時的力量，將
　左掌由下而外、上的
　劃去。右掌則掌心朝
　下，放在右脅下。
用例：繼續前面的動作
　，用左掌將對方的
　攻擊由外而上的化
　解，讓對方失去重
　心，毀壞其姿勢。

由 14 轉身撐掌到18 進步右撐掌的步法圖

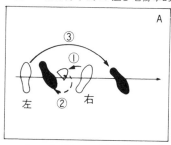

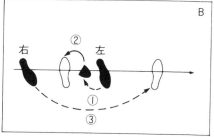

A　由第 14 式到第 15 式、由第 16 式到第 17 式的步法。①是將
　　右腳跟提起②是再踩下去③左腳跨出成馬步。

B　由第 15 式到第 16 式，第 17 式到第 18 式的步法。與 A 正好
　　左右相反。

③左脚跟著地，改變姿
　勢，右足大步跨出，
　同時將右掌向前方打
　出。左掌往上擺，置
　於額前。

**用例：**趁機前進，以右
　　　掌攻擊對方的側腹
　　　。

進步撐掌時兩手的運動、運勁圖

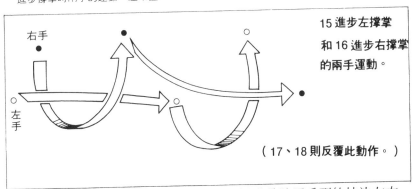

右手

左手

15 進步左撐掌
和 16 進步右撐掌
的兩手運動。

（ 17、18 則反覆此動作。 ）

　　由第 15 式到第 18 式的進步左右撐掌是將同系列的技法左右
反覆。

## 19　採摟勾拌

右掌畫弧內翻，置於腰側。左掌自右掌上方向斜前方延伸出去。此時，右足向左足方向縮回，腳跟抬起成側向。

用例：對方用右拳攻擊過來時，就用兩手左右架開攻擊，使他不得施展，同時以右足掃倒對方。

上式的正面圖

接續自右撐掌的步法。

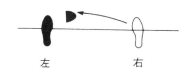

左　　　　　　　右

| 20 | 掛　　　塌 |

左掌做內、下、外的轉動，置於左腰側，右掌同時向斜前稍下方打出。右足於此時向斜後方滑出成弓步。

用例：用左手由內而外地架開對方的攻擊，同時以右足掃向對方的軸足，用右掌打向對方的背部或胸部。距離很近時，則用右肘代替右掌。

上式的正面圖

21 掛塌的步法圖

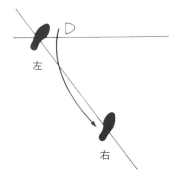

左

右

87

## 21 大纏絲

①右手放回胸前，左手放在右手
上。同時將右足往回拉，腰和
上半身右轉。

②使用提籠換步，右足完全落地
。同時將兩手下沈、上半身彎
下。

用例：對方躲開前式的右拳，並
捉住右拳時，就用左手把他
的手捉住，邊扭轉兩腕，邊
利用腰、足落地的力量躲開
，將對方往外拉，使失重心
，破壞他的姿勢。

③把重心落於右足，左足前進。
　兩手放在右膝前。
**用例**：使對方失去重心後，左足
　　　立刻補進，防止對方出步。

21 式的方向和 18 進步撐掌的運
動線相同。

21 大纏絲的步法圖和方向

a. 大纏絲的方向

①先將右足靠近左足。
②右足改換方向踏出、落地。（
　提籠換步）
③左足前進。

b. 掛塌的運動線

<table>
<tr><td>**22**</td><td>崩</td><td>捶</td></tr>
</table>

①左拳由右手內側向下推出般地
　插入、右手配合左手的動作，
　輕輕上舉靠在左腕處。
用例：以左腕和右手來抵擋對方
　　　的攻擊。

②左足前進半步，右足也隨著移
　動成半弓半馬步。右手成巴子
　拳靠在腰上，左腕向上擺。
用例：以前面的動作封鎖對方的
　　　攻擊，破壞他的姿勢後趁機
　　　前進，用左腕和左拳由下攻
　　　擊對方的股間。

## 23 跪 膝

①把重心放在左足，
　邊移動邊變左拳為
　掌。放鬆左肘。

**用例：** 對方踢過來時
　　　，就用左手和右
　　　腕來抵擋。

②曲右膝靠近左足，同時將左拳
　放在右肩前方。右拳向斜前方
　打下去。

**用例：** 以左拳架開對方攻擊，用
　　　兩足使對方無法出步，並以
　　　右拳攻擊其股間。

## 24 退步左撑掌

①兩手同時向身體前方上舉。左
手放在右腕上部，成交叉狀。
腰部稍微上提，右脚跟向前踢
去。
**用例**：舉起雙手架開對方的攻擊
，用右脚跟往上踢對方的脛
部。

②踢出的右足向後縮回
成馬步，左掌向身體
左側打出去，右掌上
舉至額前。
**用例**：邊後退邊以右掌
架開對方的攻擊，
再以左掌攻擊對方
的側腹。

①左足往內靠、成虛步
　、左掌置於上方，右
　拳由上而下放在胸前
　。

用例：用左手向外架開
　　　對方的攻擊，使對
　　　方失去重心。

②左足再往後拉，成馬
　步。打出右掌、左
　掌收回，放在額前
　。

用例：邊後退邊以左掌
　　　把對方的右拳攻擊
　　　向外上方架開，以
　　　右拳攻擊其側腹。

注：第24式、25式就
　　是將前面的第15
　　式、第16式的動
　　作邊後退邊進行的
　　。

## 26　掛　　　塌

①與前面的第 19 式相同，右足往□
　方向靠，右掌內翻置於腰側，□
　右掌上方向斜前推出。

注：前面的第 19 式名爲「踩摟匀□
　」與 20 式的「掛塌」有所區分
　那是因爲它們各自使用獨特的技□
　。而第 26 式的掛塌，是將動作□
　氣呵成。

②與前面第 20 式相同，右足滑向斜□
　後方，成弓步。右掌朝斜前略下方□
　打出去。同時將左掌收回到腰側。

用例：以①的右手、左手來架開對方□
　　的攻擊，右足鈎住對方的軸足，□
　　再以②的右掌打擊他的背部或脇□
　　部，用右足掃倒其軸足。其他要□
　　領與前面的第 19 式、第 20 式相
　　同。

## 27 千斤墜

①動作和第21式的大纏絲相同。右
　足向左足方向縮回，左手捉住右手
　肘附近。

②一口氣將右足落地、負荷體重、左
　足前進。兩手的動作是左手仍靠著
　右手，向下滑去。

用例：以右腕、左手來承受對方的攻
　　　擊，使其無法施展開來，再一口
　　　氣改變姿勢，使對方失去重心。

注：與第21式的相異點是，第21
　　式是使用纏絲，擒拿用法的意味濃
　　厚；而第27式是運用迅速改變姿
　　勢、移動重心的用勁。瞬間轉位，
　　以便攻防同時進行。

| 28 | 崩　　捶 |
|---|---|

①與前面第 22 式的崩捶相同。先
　左手為巴子拳，放得很低，再將
　掌靠在左手腕部。
**用例**：以左腕、右手來封鎖對方的
　　　拳攻擊。

②依左足、右足的順序各向前半步
　成半弓半馬步的姿勢，左腕上擺
　右拳握拳靠在腰側。
**用例**：一控制住對方的右腕、馬上
　　　進，用左拳由下攻擊對方的股
　　　。

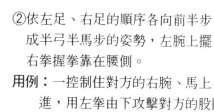

| 29 | 落　步　砸 |
|---|---|

①舉起左足成獨立狀，放下左拳，置
　於左膝旁，右拳高舉至頭頂上。
**用例：**用左手架開對方攻擊，並用左
　　　膝來攻擊。

②左足往後踏成馬步，上舉的右拳放
　下來。左拳收至腰側。
**用例：**一用左手架開對方的右拳攻擊
　　　，馬上利用往下蹲的力量，以右
　　　拳打擊對方的頭或肩。

## 30 連 環 脚

①變右拳爲掌，向外上方揮去，同[
　將右脚跟上踢。

**用例：**以右拳架開攻擊，以右脚跟[
　　　對方的胸部。

②左足用力踏地躍起，並扭腰將左
　跟踢出去。右足同時著地，變兩
　爲拳，右拳置於額前，左拳靠在
　腹部處。

**用例：**如果對方躲過前面的右脚踢
　　　反擊過來，就馬上用左脚飛踢
　　　去。

## 31 反　　砸

將上踢的左足放下成馬步，左拳由上方打下來右拳收回腰側。

**用例：**先以右手架開對方的右手攻擊，同時翻轉左拳，以拳背打擊對方的頭部。

## 32 轉 身 下 式

與前面第 6 式相同，將左腕向內側翻轉靠近腰，並將右拳由外大幅畫弧地轉動，放在額頭旁。右足往斜後方滑進，腰部下落成仆腿式，左拳沿著左足，向前揮出。

**用例：**以左腕架開攻擊，左足前進，制止對方開步，並以左拳攻擊其股間。

**注：**方向、角度和要領與前面第 6 式相同。

## 33 擊 襠 捶

①與前述第 7 式相同，身體向前移動，置重心於左足成弓步。左拳同時上挑，右拳由額旁下落至右肩前，附近。

**用例**：以右手遮擋對方攻擊、移動重心的同時，用左拳和左腕由下，攻擊對方的股間。

②先將右足靠著左足，再兩足同時輕向前踏出，右拳向斜下方打下去。左拳則變爲掌，置於胸前。

**用例**：以左手封鎖對方右手攻擊的同時，用右拳打擊其下半身。

## 34 右 踢 腿

　　與前述第 8 式同，右足朝前踢。此時，兩手位置和身體方向不變。

**用例：**以右腕和左掌招架對方攻擊的同時，用右足飛踢其股間。

## 35 反 砸

　　與前述第 9 式同。踢出的右腳放在前方成馬步、左拳由上往下放在腹部附近，右拳由內而外大幅轉動，用拳背從上面打下去。

**用例：**對方用左掌拍下來時，用右拳往下打，攻擊他的頭、肩、或胸部等地方。

①與前述第 11 式相同的動作。先將
左掌朝身體右斜前推出,同時變右
拳為掌,放在左腕內側。腰部輕輕
向左扭轉,右掌稍微向前伸出。

②接著,兩足同時落地改變位置,成
馬步,將左右掌一口氣朝身體的兩
側打出去。

**用例**:以左掌架開對方攻擊,運用腰
勁改變姿勢,以右掌攻擊對方的
側腹。

## 37 收　　式

①重心移至右足，左足前進，同時兩
　手由下上掬般地朝前方延伸，掌心
　向上。

**用例：**用左腕或右腕的上掬，招架對
　　　方手、足的攻擊，破壞對方的姿
　　　勢。

②右足向左足靠，挺直地站立，雙手
　成巴子拳，靠在丹田前。調整呼吸
　，去除肩、肘的力量，全身放鬆，
　頭擺直。

　※以上是大八極拳所有的動作及
使用的舉例，全部解說完畢。

# 八極拳對拆

　　各門派的武術和拳法，除了有各自單獨演練的套路，還附有雙人練習的「對拆」或「對打」「對練」。

　　八極門裏也有所謂的「八極拳對拆」「八極對打」。

　　近年來八極門的武術和拳法經多方介紹，練習和愛好者日增，套路不用說了，書籍上全無「對拆」的介紹。

　　「八極拳對拆」是以八極門第二套拳法「大八極」為主體所編成的雙人對練套路。也就是說，雖與實戰不同，但各個技法以實戰為旨，藉著對練套路的學習，理解各式用法，加以體會，培養實戰的感覺。因此，依技法故意變化為對練的打法，但重要的勁道則不改變。

　　以下是「八極拳對拆」所有動作的解說，標上Ⓐ、Ⓑ符號來加以說明。

## ［ 1 預 備 式 ］

（圖1）

〔 2 献　　肘 〕

（圖2）

（圖3）

（圖4）

（圖5）

1. 〔預備式〕
   Ⓐ、Ⓑ互取距離直立。要領與大八極拳的起式相同。（圖1）
2. 〔獻肘〕
   ① 互相進行大八極拳的獻肘。左足向前半步，右足跟上站著，曲左肘立腕，右手放在左肘下方，兩手成巴子拳。（圖2）
   ② 微曲兩膝、腰部下落，右腕由身體右側伸出。（圖3）
3. 〔挑打頂肘〕
   ① 兩人相對轉腰，兩手爲掌，左足前進一步，右掌由下上掬般地延伸。（圖4）
   ② 朝前互踢右足，右掌在頭上，左手在下方。（圖5）
   ③ Ⓐ將右足落地後，左足前進成馬步，左肘上打。
      Ⓑ將右足落地後，左足前進半步成虛步，左拳置於腰前，右掌則收回腰際。（圖6）

（圖6）

## ［4 右 横 打 ］

4. 〔右橫打〕
　　①　Ⓑ左足踏出成弓步，以左拳攻擊。
　　　　Ⓐ轉踩左足，改變身體的方向，以左掌壓在Ⓑ的左腕上
　　　，同時將右拳高抬至肩部。（圖7）
　　②　Ⓐ再迴轉腰部，完全改變身體的方向，右足前進一步成
　　　　馬步。放在肩上的右拳橫打Ⓑ的背部。左手仍架著Ⓑ的手
　　　　。（圖8）
　　〈要領〉
　Ⓐ在Ⓑ打擊之前，改變身體的方向，以Ⓑ的左肘部爲中心，用左
　　掌心架開躲閃。

[ 5 左 橫 打 ]

（圖9）

（圖 10）

（圖 11）

5. 〔左橫打〕

① Ⓑ將左足踩在右足的稍後處，右脚跟上提成虛步，變左拳爲掌，由內側招架Ⓐ的右腕，同時作打擊右拳的準備。（圖9）

② Ⓑ接著將右脚跟落地，打出右拳。Ⓐ則轉踩右足，改變身體的方向，以右手於外側接住Ⓑ的右拳，左拳舉起如肩高。（圖10）

③ Ⓐ再進左足成馬步，左拳橫打Ⓑ的背部。右手則仍招架Ⓑ的右腕。（圖11）

[ 6 転身下式 ]

（圖13）

## ［ 7 擊襠捶 ］

（圖14）

## [ 8 右 蹬 脚 ]

（圖15）

6. 〔轉身下式〕
　① Ⓑ將右足踩在左足略後方處，左脚跟提起成虛步，用右
　　手由內側招架Ⓐ的左腕。（圖12）
　② Ⓑ左足前進成弓步，打出左拳。Ⓐ則拉回左足成虛步，
　　以左手往下架住Ⓑ的左腕，右手變為拳，高舉至頭上。（
　　圖13）

7. 〔擊襠捶〕
　Ⓐ將右足併向左足後，兩足同時朝前踩陷下去，用右拳打擊
　　Ⓑ的下半身。
　Ⓑ收回左足成弓步，用左手由內側招架Ⓐ的右拳。（圖14
　）

8.〔右蹬脚〕
　Ⓐ以右脚跟踢Ⓑ，兩手位置不變。
　Ⓑ向左扭腰，以右腕由內側架開Ⓐ的右蹬脚。（圖15）

113

## ［ 9 反　　砸 ］

（圖 16）

## ［ 10 弓步左探掌 ］

（圖 17）

9.〔反砸〕

Ⓐ放下踢起的脚，踩陷下去，由內側打下右拳，攻擊Ⓑ的頭部。

Ⓑ上舉左腕，招架Ⓐ的右腕。（圖 16 ）

10.〔弓步左探掌〕

Ⓑ以右拳擊Ⓐ。

Ⓐ在內側用右手向外架開Ⓑ的右腕，以左掌攻擊Ⓑ的腹側。

（圖 17 ）

## 〔 11 双　　撐 〕

（圖 18 ）

11.〔雙撐〕

①　Ⓑ將右手往外翻轉，由內側承受Ⓐ的左腕。（圖 18 ）。

②　Ⓐ一口氣回轉腰部，成馬步，用大八極拳的雙撐攻擊Ⓑ的腹部。

Ⓑ也一口氣改變脚的位置，使用雙撐，用左腕由下方承受住Ⓐ的右腕。（圖 19 ）。

（圖19）

［ 12 推　　窗 ］

（圖20）

（ 圖 21 ）

（ 圖 22 ）

## [ 13 落 步 掌 ]

（圖 23）

12.〔推窗〕

①　Ⓑ收回左足，抬起右脚跟成虛步，左手由下上掬，向外
　　排開Ⓐ的右腕。（圖 20）

②　Ⓑ右足前進，右手打出。
　　Ⓐ將腰部後移，兩手由內側接招。（圖 21）

③　Ⓐ前進左足，以雙掌推向Ⓑ。
　　Ⓑ右足後退，左腕由外舉起，招架Ⓐ的雙手。（圖 22
　　）

13.〔落步掌〕

　　Ⓑ以左腕將Ⓐ的兩手往下砍地向外排開，再後退成虛步，進
　　　行落步掌。
　　Ⓐ也配合Ⓑ的動作後退，進行落步掌。（圖 23）

## ［ 14 転身撑掌 ］

（圖 24 ）

（圖 25 ）

（圖 26）

14.〔轉身撐掌〕

① Ⓐ先深踩左足，接著前進右足，向Ⓑ砍下右掌，Ⓑ則前
進右足，以右腕來接招。（圖 24）

② Ⓑ仍架著Ⓐ的右手，左足向左迴轉 180度，調整方向。
Ⓐ也扭腰互換方向。（圖 25）

③ Ⓐ左足後退成馬步，擊出右掌。Ⓑ也成馬步擊出右掌。
皆將左掌擺在頭上。（圖 26）

（圖 27）

（圖 28）

（圖 29）

15.〔進步左撐掌〕

① Ⓐ以提籠換步前進左足成馬步，用右手將Ⓑ的右腕向外架開，用左掌攻擊Ⓑ的腹側。（圖 27）

② Ⓑ左足大步後退，腰部向右迴轉，將右手依內、下、外、上地轉動，將Ⓐ的左腕向上推開，左手置於腰前。（圖 28）

③ Ⓑ再移動右足成馬步，以左掌攻擊Ⓐ的腹部。（圖 29）

16.〔進步右撐掌〕

① Ⓐ交換兩足位置，以左手由內向外架開Ⓑ的左腕，以右掌攻擊Ⓑ的側腹。

Ⓑ將右手置於腰側。（圖 30）

② Ⓐ將右脚踩陷下去成馬步，以右掌攻擊Ⓑ。

Ⓑ後退左脚，用左手由內向外架開Ⓐ的右腕。（圖 31）

## [ 16 進步右撐掌 ]

（圖30）

（圖31）

123

## 〔 17 進步左撐掌 〕

（圖 32 ）

17.〔進步左撐掌〕

  Ⓑ曲下左足成馬步，擊出右掌。

  Ⓐ以提籠換步交換兩足的位置成馬步，以右手架開Ⓑ的右腕
  ・同時以左掌攻擊Ⓑ的側腹。（圖 32 ）

18.〔進步右撐掌〕

  ①  Ⓑ後退右足，以右手在內側接住Ⓐ的右腕，同時以左掌
    來攻擊。（圖 33 ）

  ②  Ⓐ以提籠換步交換兩足的位置，用左手來接Ⓑ的左腕，
    以右掌來攻擊。（圖 34 ）

（圖33）

（圖34）

## [ 19 採搂勾拌 ]

（圖 35）

（圖 36）

（圖 37 ）

19.〔採攦扚拌〕

①　Ⓑ由內側用右腕接住Ⓐ的攻擊，同時後退左足。（圖35 ）

②　Ⓑ將右足踩下去，一口氣迴轉腰部，並以右手抵抗Ⓐ的右腕。（圖36 ）

③　Ⓑ左足完全落地，用左拳、左腕攻擊Ⓐ的股間。（崩捶）

　　Ⓐ配合Ⓑ的動作，將右足靠近其左足，用右腕和左手由上擠壓Ⓑ的左腕。（圖37 ）

（圖 38 ）

（圖 39 ）

20.〔掛塌〕

① Ⓐ再以左手捉住Ⓑ的左腕，右掌緊靠在Ⓑ的肩上。（圖38）

② Ⓐ將右足滑向斜後方伸展，鈎住Ⓑ的左足，同時用右掌由Ⓑ的肩部推向背部，將Ⓑ打倒。Ⓑ則順其力往前倒，用雙手支撐身體。（圖39）

〈要領〉Ⓐ在擊出右掌的同時，右脚踝縮回向後延伸。手足一致，將Ⓑ打倒。這是以腰為軸，使用腰勁，使上、中、下三盤合一。

[ 21 纏絲崩捶 ]

（圖40）

（圖41）

（圖42）

21.〔纏絲崩捶〕

①  Ⓑ馬上站起來，成馬步，以右拳攻擊Ⓐ的胸部。Ⓐ扭轉右腕，將Ⓑ的攻擊排向內側。（圖40）

②  Ⓐ扭腰，轉踩右足，用右手捉住Ⓑ的右腕，放下左手，以左腕至肩的部分壓在Ⓑ的肘上。（圖41）

③  Ⓐ將左足叉在Ⓑ的右足之後，成馬步，左手由下上擺，由Ⓑ的股間挑起，攻擊其腹部。（圖42）


〔 22 跪　　膝 〕

（圖43）

（圖 44）

22.〔跪膝〕

　　①　Ⓑ後退左足成弓步，用右腕由內側招架Ⓐ的左腕。（圖
　　43）

　　②　Ⓐ迫向Ⓑ，放低姿勢，以右拳攻擊Ⓑ的股間。Ⓑ壓低左
　　足，在內側用左手招架Ⓐ的右拳。（圖 44）

（圖 45）

（圖 46）

（圖 47）

（圖 48）

23.〔退步左撐掌〕

① Ⓑ用右拳由上打下來，攻擊Ⓐ的頭部。Ⓐ用兩手在頭上成交叉狀來抵擋。（圖 45）

② Ⓐ一接到Ⓑ的右拳，馬上站起來，用右足飛踢Ⓑ。Ⓑ舉起右膝，躲避Ⓐ的踢腿。（圖 46）

③ Ⓑ在放下左足的同時，前進左足成馬步，以左掌攻擊Ⓐ的腹部，右手則抵擋Ⓐ的右手。（圖 47）

④ Ⓐ將踢出的右足放在後方成馬步，以右手在內側招架Ⓑ的左腕，同時以左掌攻擊Ⓑ的胸部。（圖 48）

## ［ 24 退步右撐掌 ］

（圖 49）

24.〔退步右撐掌〕

①　Ⓑ以提籠換步改變兩足位置，以左手制止Ⓐ的左腕，同時以右掌攻擊Ⓐ的側腹。（圖 49 ）

②　Ⓐ後退左足，以左手將Ⓑ的右腕向外排開，同時以右掌攻擊Ⓑ的胸部。（圖 50 ）

25.〔退步左撐掌〕

①　Ⓑ以提籠換步轉跧右足，前進左足成馬步，以右手將Ⓐ的右腕向外架開，同時以左掌攻擊Ⓐ的側腹。（圖 51 ）

②　Ⓐ後退右足成馬步，翻轉右手將Ⓑ的左腕向外架開，同時以左掌攻擊Ⓑ的胸部。（圖 52 ）

（圖 51）

（圖 52）

（圖53）

（圖54）

26.〔退步右撐掌〕

　① 　Ⓑ以提籠換步轉踩左足，右足前進成馬步，以左手將Ⓐ
　　 的左腕向外架開，同時以右掌攻擊Ⓐ的側腹。（圖 53）

　② 　Ⓐ後退左足成馬步，以左手將Ⓑ的右腕向外架開，用右
　　 掌攻擊Ⓑ的胸部。（圖 54）

　〈要領〉注意Ⓐ在扭身後退時，腰部不要提起來。

## ［ 27 採摟勾拌掛塌 ］

（圖 55）

（圖 56）

（圖 57）

（圖 58）

（圖 59）

27.〔採摟勾拌掛塌〕

① Ⓑ將重心置於左足，伸展身體，右手向側翻轉，將Ⓐ的右腕由內而外鈎住。（圖55）

② Ⓑ轉跺右足，將重心置於右足，改變姿勢，左足稍向前進。配合右足的動作，用右手翻捲Ⓐ的右腕後、捉住，配合左足的動作，將左拳放下。（圖56）

③ Ⓑ繼續前進左足成馬步，以左手自Ⓐ的股間上擺，攻擊其腹部。Ⓐ用左手壓在Ⓑ的左腕上。（圖57）

④ Ⓐ用左手抵擋Ⓑ的攻擊，右足向左足靠近，右掌上擺至Ⓑ的後方。（圖58）

⑤ Ⓐ將右足向斜後方滑去，鈎住Ⓑ的左足，同時以右掌推向Ⓑ的肩背之間，將他打倒。（圖59）

[ 28 連 環 脚 ]

（圖60）

（圖 61）

28.〔連環脚〕

①　Ⓑ馬上站起來，右足前進成馬步，用右拳攻擊。Ⓐ以右
　　手由下方架住Ⓑ的右拳攻擊，用右足踢Ⓑ。（圖 60）

②　Ⓑ一面後退右足，一面以左手從內側架開，躲避Ⓐ的踢
　　勁。Ⓐ收回右足，再扭腰用左足踢Ⓑ。Ⓑ再後退成虛步，
　　仍用右腕由內而外架開Ⓐ的左足，躲開他的踢腿。（圖
　　61）

## ［ 29 反　　砸 ］

（圖62）

## ［ 30 転身下式 ］

（圖63）

（圖 64）

29.〔反砸〕

　　Ⓐ在着地的同時變爲馬步，左拳由上打下來攻擊Ⓑ。Ⓑ前進左足，迴轉至Ⓐ的後方，用左腕在外側招架Ⓐ的左拳。（圖 62 ）

30.〔轉身下式〕

　　Ⓑ再大步迴轉右足至Ⓐ的後方，攻擊Ⓐ。Ⓐ配合Ⓑ的動作，也將右足向左迴轉，與Ⓑ相對，揮出左手制止Ⓑ的動作。（圖 63 ）

31.〔擊襠捶〕

　　Ⓐ再將雙足朝Ⓑ的方向踩陷下去，用右拳攻擊Ⓑ的股間。

　　Ⓑ略低左足，以左手由內側抵擋Ⓐ的右拳。（圖 64 ）

［ 32 右 蹬 脚 ］

（圖65）

［ 33 反　砸 ］

（圖66）

## 〔 34 弓步左探掌 〕

（圖 67）

32.〔右蹬脚〕

　　Ⓐ再用右足踢Ⓑ，Ⓑ用右腕架住Ⓐ的右足，由內向外推開。
（圖 65）

33.〔反砸〕

　　Ⓐ在放下右足的同時成馬步，右拳由上打下來攻擊Ⓑ。

　　Ⓑ抬起左腕，接住Ⓐ的右拳。（圖 66）

34.〔弓步左探掌〕

　　Ⓑ以右拳擊Ⓐ。

　　Ⓐ以右手將Ⓑ之右腕向外架開，重心移往右足，同時以左掌
攻擊Ⓑ的側腹。（圖 67）

## 〔 35 双　撑 〕

（圖 68）

（圖 69）

[ 36 收　　式 ]

35.〔雙撐〕

① Ⓑ將右腕外轉，架開Ⓐ的左手。

Ⓐ將右掌置於腰前。（圖68）

② Ⓐ利用腰勁，一口氣轉換兩足位置成馬步，以右掌攻擊Ⓑ的腹部。左掌也向左大幅度地打出去。

Ⓑ也進行同樣的雙撐，由下掬起左手，招架Ⓐ的右腕。（圖69）

36.〔收式〕

Ⓐ後退右足，改變身體的方向後，左足靠過來站着，Ⓑ將左足向斜前方前進後，靠攏右足。兩人互對，舉起左肘，將左肘放在右拳上。（獻肘收式）（圖70）

# 八極拳之鄉──河北省滄州孟村

近年來由於交通的發達，閉鎖性的地域主義也因現代化而開放，各地的人們互相交流，以前被視為各個地區秘傳的武術，也不分地域地傳播開來。

但是貫通古今，武術最盛的省分要說是河北省了，而其中又以滄州一地為最。滄州在天津南方，包括了以滄州市為主都的鹽縣、孟村縣和黃驊縣一帶。是從古至今武術家輩出之地，尤其是孟村縣被稱為"八極之鄉"，以吳家為中心，流傳著八極拳。

滄州因時代的不同也被稱為滄縣，但在【水滸傳】之初，記載著這是禁衛軍武術師傅林沖蒙冤而被流放的"流刑之地"，因此可知，此地是荒涼的廣漠黃土地帶，郊外有密生的松林。

此地的松樹是大約與人等高的矮小植物，因為面積非常遼闊，因此是盜賊、罪犯和亂軍們極好的隱身處，這些人為了生存下去，往往掠奪行人或鄉民的財物。

因此，此地的居民很早就為了自衛，而在各個家族和聚落裏練習武術。也有傳說是那些叛軍和為逃避官兵至此的武術家，將武術流傳下來的。

例如，現在流傳的"夜戰八方刀"的有名刀術，又別名"闖王刀"。"闖王"是明朝末年李自成反抗朝廷時的稱號，"李自成之亂"的叛軍則稱為"闖軍"，依滄州流傳的傳說，此刀術乃"闖軍"的一部分將領逃到此地時流傳下來的。

到了清朝，中國武術家中有為了生活而憑著本身的武術護衛東西的運送和旅人的安全為職的，一般稱這種職業為"保鏢"，護衛者稱為"鏢師"或"鏢客"，鏢師們所組成的組織稱為"鏢局"。

對於土地荒涼，農、工、商各業都無法興盛的滄州年輕人而言，以武術揚名也是立身的方法之一，因此滄州遂產生了許多鏢師。

鏢師在護送貴重物品時，大規模的要將物品裝在馬車上，豎立鏢旗，數名鏢師隨行，在經過都市和村落時，前頭的鏢師即大喊「過門！」等，以便威壓當地的盜賊和無賴漢。

　　在當時以鏢師為職者，都是對自己的技藝相當有自信的武術家，或和各地武術家、地方權貴熟識的人。鏢師們豎立鏢旗，威風凜凜地通過各地，只有一個例外，就是通過滄州時，把鏢旗拿下，不敢出聲、靜悄悄地通過。

　　在這個武術盛行、高手雲集的滄州，若想以武術自誇威壓的話，必會招致滄州人的反感而受到挑戰；且也曾有非常有名的鏢師在滄州受到了恥辱，因此只有在滄州，鏢師們是靜靜地通過。不知何時，綠林和武林間流傳著一句話：「鏢過滄州不叫鏢」。

　　以滄州為主流傳下來的拳法中，多是太祖拳、燕青拳（別名秘宗拳、迷蹤藝）、八極拳、劈掛掌、翻子拳、功夫拳和六合拳等重實用性者。

　　而且北方知名的武術名人多是出自滄州，古有李雲表、李大中、張克明和丁發祥。清朝末年到民國時代是"大刀"王五（王正誼）、"神槍"李書文、佟忠義、陳玉山和李雨山。稍後又有創設天津武士會的馬鳳圖、中央國術館教師馬英圖、溥儀皇帝的武術教練霍殿閣等在武術界均享盛名。

　　戰前在南京國立中央武術館擔任教練者，大多是滄州出身，現在出身於中央國術館者，也至各地教授武術。

　　八極拳是清朝後期，滄州之南孟村鎮的回族吳家所傳，不久，就在漢人間流傳的拳法。

# 八極拳的現況

第二次世界大戰後，中國的傳統武術就隨著香港製作的武術電影和武術團的各國巡訪，而以太極拳為主，廣為世人所知及學習。

然而，和太極拳、少林拳等相較之下，就少有人知道八極拳了。

但是，八極拳的傳承者的發揚使其興盛。以前的武術家只知向師傅學習技術，對自己所學門派的歷史毫不追究、相信傳說者相當多，但是近年來，已是科學化的研究各門派的歷史，並加以考證。

因此，有對以前發表的東西加以訂正的，或是補足新發現的資料的。但是因為昔日的武術家非常封鎖且秘密主義，故可能研究的範圍極為狹窄，在時代上，比學術研究更要求其實用性，這些都是無可奈何的。

由於遺跡的新發現而改寫的是歷史考古學，只有保有先人的研究，才能逐漸接近完善。

孟村的八極拳鼻祖吳鐘的系統上，在【滄縣志】裏自他的女兒吳榮（三世）以後便無記載，長期下來，就傳承不明了。但現在，嫡系孫的七世吳連枝師傅擔任孟村縣武術協會的主席，和外甥李俊義師傅一同指導後進。在孟村，從小學生到老人，有許多人在練習八極拳。

在孟村，六世吳修峯先生將基本套路的八極小架制定成十二種練習法，除了八極拳（大八極）、八極對打、六大開拳、六肘頭等其他家所傳授的以外，還有四郎寬、飛虎拳、華拳等許多種類。

現在的孟村稱為"孟村回族自治縣"，成為回族人的自治區，但是以前的孟村是回族人集結，漢族、滿族等包圍在周圍之地，因此自古就有民族對立的情形，亦即促成武術發達的原因。尤其回族人的性格勇猛果敢，許多人皆以武術揚名。【紀效新書】中槍術的三大名家——馬家槍、沙家槍和楊家槍中的馬家和沙家就是回族姓名。

民國初年，在強豪充斥的天津，創設中華武士會的馬鳳圖先生就是孟村出身的武術家，自幼隨黃林彪（已達登峯造極的劈掛掌師傅）習得劈掛掌的眞傳，向外祖父吳世科和吳懋堂學八極拳，還向段家習翻子拳、向程東閣習螳螂拳，因「理（拳理）象（拳勢）會通、體（健身）用（技擊）具備。」的理論，稱爲"通備劈掛拳"。

　　一九二九年，當時政府設立了中央國術館，爲徵求優秀的武術師而擧辦了"第一次國術考試"，馬鳳圖的弟弟馬英圖先生以"散打搏擊部門"得到優勝，擔任了中央國術館的教師。

　　馬鳳圖先生後來到西北地方，擔任馮玉祥率領的西北軍的武術教練，在甘肅省度過了餘生。但是他的四個兒子穎達、賢達、令達和明達都繼承了武術。次男馬賢達師傅就讀於天津的河北師範大學時，就以十九歲之齡在天津擧行的"散打搏擊比賽"中和著名的武術家們較技，幾乎都是在數秒內獲勝，最後得到了優勝。現在是西安體育學院的副教授，第一位國家級"武術"裁判員。其他三兄弟都在甘肅省從事武術指導，但四男馬明達師傅則在蘭州大學從事歷史的研究，於武術史的研究上，也有科學性的高評價。馬家有八大招的絕技和雙陣拳。

　　隨清朝最後皇帝愛新覺羅溥儀移至長春的霍殿閣的傳人，是以其外甥霍慶雲爲最長老，譚吉堂、齊德昭等師傅仍健在，以長春爲中心，自吉林到瀋陽廣爲傳播八極拳。但是這個東北系統裏有金剛八式和迎手拳等。

　　八極拳也在北京、上海等大都會和各地的體育學院裏進行，但是傳統的教法還是在民間進行，天津的王學孟、山東省的李鑽臣、滄州市的尹宗琦、石家莊的李富昌和北京的張旭初等師傅，都在指導後進。

# 八極拳歌訣

　　先師　李書文公早就精通八極拳和大槍術，但是爲了彌補此過於剛猛、陽性之氣，加上了劈掛掌，而得到陰陽互補、剛柔相濟之妙，將八極拳技提昇至此境地，可謂完璧。

　　以往大家所說的「八極拳劈掛，神鬼都害怕。」「劈掛參八極，英雄歎莫及。」的讚辭，就是以先師爲始，經由許多先人的努力而贏得的歌頌。

　　在此，將表現八極、劈掛性質的拳訣，以歌的形式來介紹，希望能給研究者做爲參考。

（所有中文部分照印）

「　八極之勁緊、劈掛之勁暢。八極之勢猛、劈掛之勢悠。八極之工架弸撑、劈掛之工架舒坦。八極一動、以脊作軸。劈掛一舉、本腰爲根。八極之功、以深沈爲成就、劈掛之功、以暢達爲有得。八極所以濟劈掛之開敝、劈掛所以輔八極之倡促。八極最利埋身短戰、劈掛尤可遠拳遙擊。八極之拳、如銅錘鐵槓、勇不可当、劈掛之掌、似薄刃輕刀、矯捷難禦。八極似八角大槌、最利於陷陣衝鋒、劈掛似甩頭一子、常用以突襲偷擊。八極攻中參劈掛、則可以遠近無遺、令人無從招架、劈掛守來融八極、它又能長短互応、敵手你由得隙。八極独練、易令人勁悶、故以劈掛發之、劈掛単操、每使人勁散、則取八極凝之。八極之開声、在鼓盪丹田、劈掛之拍打、在槌練内膜。八極之丹田勁成、可以助我傷人、劈掛之拍打功到、可以免我受傷。練八極每覚腿苦於手、習劈掛又感手苦於腿。八極如虎之離山、如熊之闖林、劈掛似鷹之搏翼、似蛇之掉尾。八極似顔真卿書法、渾円博大、質実淳厚。劈掛如趙孟頫真蹟、風流條暢、連翩多姿。八極如菊部黒頭、最貴是黄鐘大呂之者、劈掛如劇中老末、上者多清発激越之致。練八極之神態、厚重多於軽霊、習劈掛之意味、便捷多於呆滞。八極厚重、又不可流於笨拙、劈掛便捷、尤最忌踏軽虚。八極如虎之威猛、劈掛似鷹之峻切。八極多直進之法、劈掛擅迂迴之計。

八極要打得步步如木樁深植、劈掛要打得手手賽蛺蝶翻飛。八極是剛中有柔、劈掛是柔裏調剛。八極之功成、当有虎背熊腰之態、劈掛之功到、每具猿臂蛇腰之致。八極如盛夏酷暑、威厲懾人、劈掛若祁寒嚴冬、凌凜慄心。八極一攻、其勢如山崩地動、劈掛一舉、其態若暴雨颮風。八極謂拳即是掌、劈掛則用掌如拳。八極之步、每先鎖而復絪、劈掛之趨、多先絪而再鎖。八極每取主動、劈掛擅応人攻。八極則能步虎爪、定如熊而動如虎、劈掛則鷹翅蛇腰、擊如鷹而轉如蛇。八極之含怒未發、則坐腰緊背、含胸曲肘、如弦之引満、如弓之開足、沛然一放、人莫能禦、劈掛之蓄勁在我、則開胸舒臂、靈腰鬆肩、如剪之張股、如齦之啓牙、突如其闖、人焉所当。八極一拳発足、猶未摧人、則搖肩催步、另以他拳牽掣殘之、劈掛一掌劈盡、尚不仆敵、則彈臂欺身、逕以此掌反振摧之。八極之質実、所以保奠基功、劈掛之流通、所以極肆其芸。八極無劈掛、或難極盡其毫顛之妙、劈掛非八極、尤恐不保其源本之基。八極之傳世、已漸歎離本逐末、劈掛因拘守、更可傷将假作真。八極之倡揚、首必須糾迪差訛、徐導之而入正路、劈掛之流伝、尤有待真人実授、及初始而奠純功。

綜謂‥猛如虎、狠如鷹。滑如油、冷如冰。故諺美之曰‥「八極參劈掛、神鬼都害怕」「劈掛參八極、英雄歎莫及」。

---

### 八極拳取象

#### 一、熊形（熊步）

所謂熊步乃是八極門的特色，是有關於勁道訓練和應用的步法等。練習方法很多，如熊晃、熊靠、熊擺和熊抗等。進行低姿勢、沈勁的訓練。

#### 二、虎形（通背）

這是上半身的訓練，以抽出肩、背的勁道爲目的。通背也稱通臂，就是「打通脊背」的意思。一般也有寫成"捅臂"的，那是因爲從外表看來，好像是左右兩臂向前捅打。

# 八極彌漫六合

**文／董牧**

**練氣首在求定靜**　劉雲樵一生練拳，但却講求文武合一。文能安邦、武能定國，一直是他對弟子的要求，所以他的弟子幾乎都是泂泂的知識份子。

「只有讀過聖賢書的人，才能達到國術中的最高境界。」他意味深長的說：「眞正的武術，不僅可以强身，最主要的，還能在潛移默化中，變化人的氣質。」

劉雲樵認爲：武術應溶入生活，在生活中的每一個細節中修練，而且必須規律而持續。

因此，國術的修己功夫十分重要，尤其「氣」更是武術的基本，而「定」、「靜」又是它的基本要求。在「大學」中就闡明「知止而後能定，定而後能靜，靜而後能安……」。等這步做到了，才在招式氣勁中求變化，但須時時持靜，這叫「動中求靜」；腦中雖求靜，却要求氣機之動，故「靜中求動」。像「太極拳經」所說「形如搏兔之鶻，神如捕鼠之猫。」

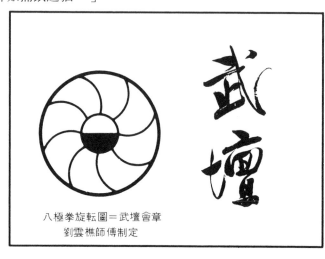

八極拳旋転圖＝武壇會章
劉雲樵師傳制定

「真正的武功，求靜的功夫是如孟子所說的『動心忍性，增益其所不能』，而求動又如其所謂『吾善養浩然之氣』。」劉雲樵解釋說：「不論養心、練氣，中國五千年來聖賢心傳，就是傳這個。」

**聖賢心法一氣傳**　　這套功夫，加上拳法、義理的融合，不論向武或向文的發展，自然就形成一個人的氣勢、氣概及氣節。所以孔子要佩劍、李白仗劍去國、岳飛文武雙全、王陽明知行合一，都是得到中國道統的真諦。

「中國的武術是教給『士』的，所以它不只是教你數人敵而已，而是要求萬人敵，武者必須由一己的修身去治國平天下。」

儒家講六藝的禮、樂、射、御、書、數。禮是讓人約束自己的規範，樂則沖和心性以求靜心，這些都具備了，才能學射的武藝及御的乘騎之術，然後讀書求知，再用數來運籌帷幄，謀略天下，這是有秩序循序的，更是知識份子學養層次的階梯。

所以中國武術根本無法速成，這和一些外國拳術不同，因為它不只練身體，還要練理氣心性。

「外國拳術在戰勝別人，而中國拳術在戰勝自己。」

這就是傳統文化中的天人合一觀念。在武術中講人為本。人的一生分為頭部、身軀、腿足，是天地人三盤。上盤吸收天然空氣、下盤擇

劉雲樵與其弟子（1983 年）

取地理靈氣、中盤保存人初元氣，所以天地人是一氣貫通的。人生於天地之間，一呼一吸，無時不與天地連；一動一靜，無時不與天地和，大塊噫氣，以求天人，而這種體會，不是知識份子，絕無法達到這境界的。

這幾年來的功夫熱，一些奇招異式競相出籠，可是花拳繡腿，炫人耳目，摟摟抱抱，不成體統，對於與文化融合而蘊藏博大精深內涵的中國武術，實有太多的誤解。劉雲樵渴望有關當局能擬定計畫大力推廣，不要只是推展捏麵人、踢鍵子、傀儡戲、摔泥巴、皮影戲等，畢竟那只是一種雕蟲小技吧！一個政府文化部門推動的主要內容居然是這些，那不是很荒唐嗎？他沉痛的說：

「做為一個中國傳統武術的薪傳者，七十餘年歲月於茲，從民初看到現在，我實在不能不慨歎中國武術的轉變，此固然半由社會文明變遷所造成，却未嘗不是推廣目標之偏差所致，別人所珍貴而蒐集發揚不遺餘力的，我們却棄之如敝屣，甚而在井中觀天，陶醉在僅存的一點舊有文化遺產中，殊不知世界之變化萬端，難道非要等到來日敗勢，再徒呼負負嗎？」

國家圖書館出版品預行編目資料

八極拳／劉雲樵／著
－－修訂一版 . －－ 新北市：新潮社，2014.05
　　面；　公分 . －－
　　　ISBN 978-986-316-510-1（平裝）

1. 拳術　2. 中國

528.972　　　　　　　　　　103005568

# 八極拳

劉雲樵　著

〈企劃〉

〔出版者〕新潮社文化事業有限公司
電話 (02) 8666-5711＊傳真 (02) 8666-5833
〔E-mail〕editor@xcsbook.com.tw
印刷作業：東豪印刷事業有限公司

〈代理商〉

創智文化有限公司

新北市23674土城區忠承路89號6樓（永寧科技園區）
電話 (02) 2268-3489＊傳真 (02) 2269-6560

修訂一版　2014年5月
一版六刷　2021年2月